北京大學《儒藏》編纂與研究中心 編

藏》精華編選刊

〔元〕鄭玉 撰

李鳴 校點

北京大學出版社
PEKING UNIVERSITY PRESS

圖書在版編目(CIP)數據

師山先生文集 /（元）鄭玉撰；北京大學《儒藏》編纂與研究中心編. --北京：北京大學出版社，2025. 4. --（《儒藏》精華編選刊）. --ISBN 978-7-301-31236-0

Ⅰ. B244.99-53

中國國家版本館CIP數據核字第2025NT9397號

書　　名	師山先生文集 SHISHAN XIANSHENG WENJI
著作責任者	〔元〕鄭玉　撰 李鳴　校點 北京大學《儒藏》編纂與研究中心　編
策劃統籌	馬辛民
責任編輯	陳軍燕
標準書號	ISBN 978-7-301-31236-0
出版發行	北京大學出版社
地　　址	北京市海淀區成府路205號　100871
網　　址	http://www. pup. cn　新浪微博：@ 北京大學出版社
電子郵箱	編輯部 dj@pup. cn　總編室 zpup@pup. cn
電　　話	郵購部 010-62752015　發行部 010-62750672 編輯部 010-62756694
印 刷 者	三河市北燕印裝有限公司
經 銷 者	新華書店 650毫米×980毫米　16開本　11.5印張　122千字 2025年4月第1版　2025年4月第1次印刷
定　　價	56.00元

目録

師山先生文集卷之四 …… 三〇

師山先生文集卷之五 …… 四四

師山先生遺文卷之三 …… 一〇二

師山先生遺文卷之四 …… 一一四

師山先生遺文卷之五

師山先生遺文附録……一三三

校點説明

《師山先生文集》八卷《遺文》五卷，元鄭玉撰。

鄭玉（一二九八——一三五八），字子美，號師山，徽州歙縣（今屬安徽）人。幼從父千齡宦遊淳安等地，敏悟嗜學，曾入黄山祥符寺及紫陽南山觀讀書。既長，兩應進士舉，不利，遂棄舉子業，求聖人之道。覃思「六經」，尤精於《易》與《春秋》。其學以朱熹之學爲旨歸，中年和會朱陸，晚年專心朱學。至順二年（一三三一）初，侍父遊京師，以工於古文爲虞集、揭傒斯、歐陽玄所稱，將薦於朝，因父病南歸。家居教授，潛心著述，受業日衆，門人鮑元康等築師山書院以處。至正十四年（一三五四），詔徵翰林國史院待制，辭疾不起。十七年，明軍入徽州，守將邀致之，玉曰：「吾豈事二姓者耶！」因被拘囚。十八年八月一日自縊死，年六十一。著有《師山先生文集》八卷、《遺文》五卷，《春秋經傳闕疑》四十五卷，今存。《周易大傳附注》、《程朱易契》，已佚。事見元汪克寬撰《師山先生鄭公行狀》、《元史》卷一九六《忠義傳》。

《師山先生文集》八卷，前有至正七年程文序，又有至正十年鄭玉自序，蓋即鄭玉所自編,惟序首標題曰《餘力稿》,序中亦稱「且名曰《餘力稿》」,則集名似出後人追改。王褘序及楊士奇跋已皆稱《師山集》,則初刻時已改名。《遺文》五卷,編者不詳,程敏政跋鄭玉《釣臺詩卷》稱「先生裔孫虬取摹本裝潢成册」,張駿和程敏政詩跋亦稱「鄭公裔孫鯨、虬皆能詩」,或即由鄭虬等所編定。《附録》一卷,則當時酬贈詩文及後人題詠。

《師山先生文集》及《遺文》是鄭玉詩文的全集,文集較爲充分地表達了鄭玉的理學思想和文學主張。鄭玉對朱、陸之學的共性及利弊的辨析最具特色,他説:「陸子之質高明,故好簡易;朱子之質篤實,故好邃密。蓋各因其質之所近而爲學,故所入之塗有不同爾。及其至也,三綱五常、仁義道德,豈有不同者哉?况同是堯、舜,同非桀、紂,同尊周、孔,同排釋、老,同以天理爲公,同以人欲爲私,大本達道無有不同者乎!」(《送葛子熙之武昌學録序》)認爲朱、陸之學各有利弊:「朱子之説,教人爲學之常也;陸子之説,高才獨得之妙也。二家之學,亦各不能無弊焉。陸氏之學,其流弊也,如釋子之談空説妙,至於鹵莽滅裂而不能盡夫致知之功;朱氏之學,其流弊也,如俗儒之尋行數墨,至於頽惰委靡而無以收其力行之效。」(同上)即是説朱熹的「道問學」是爲學之常規,但其弊在於支離與迂腐,以至「頽惰委靡」脱離實踐而無「力行之效」;陸九淵的「尊德性」確實有獨到高明之處,但是易流入空談，主觀武斷，嚴重脱離實際，更無「致知之功」。鄭玉上述「和會朱陸」的思想在學術史上是有一定位置的。全祖望曾説：「繼草廬（吴澄）而和會朱陸之學者，鄭師山也。草廬多右陸，而師山則右朱。」（《宋元學案·師山學案》）雖然鄭玉「右朱」，但對學者們的門户之見深爲不滿：「後之學者，不求其所以同，惟求其所以異……此豈善學聖賢者哉？」（《送葛子熙之武昌學録序》）「是學者自當學朱子之學，然亦不必謗象山也。」（《與汪真卿書》）主張不同學派之間應該和睦相處，取長補短。他對理學末流之弊也進行了揭示：「然自是以來，三尺之童即談忠恕，目未識丁亦聞性與天道，一變而爲口耳之弊。蓋古人之學，是以所到之深淺，爲所見之高下，所言皆實事。今人之學，是遊心千里之外，而此身元不離家，所見雖遠，而皆空言矣。此豈朱子畢盡精微以教世之意哉！」（同上）其言洞見理學流弊之癥結，是很有見地的。與理學觀念相比，鄭玉的文學主張並不通達，甚至完全是道學化的，他認爲「（韓柳歐蘇）塗天下之耳目，置斯民於無聞見之地。然則道之不明，文章障之也；道之不行，文章尼之也」（《餘力稿序》），觀點十分偏頗。文集中《唐太宗論》、《張華論》等史論也殊爲迂腐，不脱理學家苛於待人之痼習。總之，鄭玉的文集對於後人全面了解其思想是很有價值的。

鄭玉的文集現在可見的版本有以下幾種：一、元至正刻明修本《師山先生文集》十一卷，存九卷，缺卷五、卷八。二、明嘉靖本《師山先生文集》八卷，《遺文》五卷，《附録》一卷。此本又有明、清鄭氏後人修補後印本，多出《濟美録》四卷［《濟美録》爲明鄭燭於嘉靖十四年（一五三五）編，蒐録其先人元歙縣令鄭安、休寧令鄭千齡、徵授翰林待制鄭玉、歙縣令鄭璉的相關記載，人爲一卷］。三、清乾隆《四庫全書》所收《師山集》，内容全同嘉靖本，惟《附録》中多出汪克寬所撰鄭玉《行狀》及《元史》鄭玉本傳。四、清道光二十八年（一八四八）涇縣潘氏袁江節署刻《乾坤正氣集》本《師山先生文集》九卷。

本次校點，以明嘉靖本爲底本。此本所收詩文最全，且刻工精良，絶少漫漶處。以元至正刻明修本爲參校本，簡稱「至正本」。此本有殘缺，且多漫漶不清處。另以清文淵閣《四庫全書》本爲校本，簡稱「四庫本」。本人才學譾陋，不免有錯謬之處，敬請方家不吝賜教。

校點者　李　鳴

師山先生文集序

鄭君子美初至京師，或傳其文數篇于奎章閣下，授經郎揭公讀之，驚曰：「是蓋工於古文者，嚴而有瀍。」侍書學士虞公揚于坐曰：「鄭子之文，異日必負大名于天下。」藝文少監歐陽公曰：「使少加豐潤，足追古作者。」宋狀元、陳助教皆稱其能，且奇其人。將謀薦之，鄭君竟奉親南，不屑留矣。余時以筆札事諸公，親聞其言，欲一讀其文以自快而未之暇。歸江南數年，與鄭君益相親，始得博觀其前後之文累百餘篇。蓋其制行之高，見道之明，故卓然能自爲一家之言如此。古人謂文章與時高下，然亦恒發於山川之秀，本諸文獻之傳。漢之文章，莫盛於司馬相如、楊雄，而蜀世多文人。若鄭君之學，夫豈無所自來哉！余不能文，又惡知鄭君？以嘗游閣老諸公之門，姑誦所聞以爲之序。子美嘗築精舍師山，聚書以淑學者，故學者稱之「師山先生」云。至正丁亥三月望日，婺源程文以文甫書。

餘力稿序

孟子既没，學者各以己見爲學，文章爲道，故韓退之、柳子厚、歐陽永叔、蘇子瞻輩咸以此名世。作者既曰足以盡斯道之傳，後之尊之者又曰是皆所謂傳而得其宗者也。塗天下之耳目，置斯民於無聞見之地。然則道之不明，文章障之也；道之不行，文章尼之也。文章之弊，可勝言哉！

宋初，河南程氏兄弟者出，天下號爲「兩程夫子」，始知斯道之傳，不在語言文字之間，而具於吾性分之内，不在虚無高遠之際，而行乎日用常行之中。以此窮理，以此明道，以此淑身而傳後，以此解惑而覺迷。文章之作，遂一廢而爲無用之物。譬之霪雨初霽，復見天日，而無有魑魅魍魎也。至吾新安朱夫子，集諸儒之大成，論道理則必著之文章，作文章則必本於道理，昔之尼者行、障者明矣。信乎有德之必有言，文章爲貫道之器而非虚言之謂也。

余年十數歲時，蒙昧未有知識，於前言往行無所擇。獨聞人誦朱子之言，則疑其出於吾口也；聞人言朱子之道，則疑其發於吾心也。好之既深，爲之益力，不惟道理宗焉，而文章亦於是乎取正。久而浸熟，不知我之學古人，而疑古人之類我也。人有笑而問者曰：「文章宗韓、柳，道理宗朱、程，此萬世一論也。子之爲學，不亦謬乎？」余曰：「道外無文，外聖賢之道而爲文，非吾所謂文；文外無道，外六經之文而求道，非吾所謂道。吾於朱子折衷焉。」問者曰：「吾過矣，吾過矣。子之言是也。」余懼問者之煩而應者之勞也，廼書其意而以白夫世之疑者，且名曰《餘力稿》，以見吾學之不專於文辭，而當有本也。至正庚寅三月朔，鄭玉序。

師山先生文集卷之一

表

讓官表

臣聞高祖開漢，不屈四皓之心；光武中興，終全子陵之志。夫所謂隱士者，或因忿世疾邪，或欲廉頑立懦，故以恬退爲事，高尚爲風，未必皆有康濟之才、經綸之學也。從昔賢聖之君所以特加寵異者，蓋欲養成廉耻，激勵風俗，爲天下勸耳。

臣幼以樗櫟之資，深愛山林之趣，躬耕壠畝，留情著述，初無過人之才、忘世之意也。兹者伏遇皇帝陛下以天地爲心，億兆爲念，求賢不及，從諫如流，謂臣遯跡丘園，特賜尊酒束帛，以翰林待制召。臣聞命恐悚，神識飛揚，循牆扣天，趨避無所。臣竊惟邇年以來，士大夫貪得患失，尸位素飡，廉耻日喪，風俗日壞，養成今日之禍，以致盜賊蠭起，生民塗炭，遂使陛下宵衣旰食，憂形辭色，累下哀痛之詔，布寬大之恩，而天下猶未定也。今臣復蹈前轍，貪冒恩榮，不知退避，豈惟負陛下知人之明，抑亦有妨朝廷進賢之路。非臣所以報陛下，亦非陛下所以望於臣也。蓋臣學問之淺深，德量之大小，非他人之所能知，而臣自知之，所謂「吾斯之未能信」者，豈敢炫石爲玉，以自欺其心哉！　然酒與帛，天下所以奉陛下者，陛下得以私與人，臣不敢辭也；名與器，祖宗所以遺陛下，使與天下之賢者共之，陛下不得私以與人，臣不敢受也。伏望天慈，特賜俞允，收回恩命，容臣以布衣赴闕，入覲清光，攄其一得之愚，以爲涓埃之助，然後退處山林，詠歌堯舜，以樂太平，實臣之至幸也。而使者坐驛，有司臨門，迫臣就道，必欲令臣親詣辭免。臣累更憂患，素抱羸疾，道路勞役，至于海上，復感風痺，不能前進。謹奉表以聞，伏聽聖旨。臣干冒天威，下情無任激切屏營之至。

謝賜酒箋

日月重光，紹承平之正統；山林小隱，蒙徵聘之殊恩。丹陛出綸，青坊設醴。臣誠欣誠忭，叩頭叩頭。臣聞人心攸繫，實惟儲貳之尊；德業孰先，莫如繼述之重。能廣君父所行之志，必得古今達孝之名。然東帛旌賢，禮僅聞於前代；而上尊致敬，事未見於東宮。何幸微臣，親逢優渥。以巖穴孤寒之士，受朝廷稠疊之知。此蓋伏遇皇太子殿下，坤德承乾，離明出震。體聖上招臣之盛意，舉國家曠古之彌文。位居主鬯之崇，器非妄與；情比賜酺之厚，澤欲普施。遂使草茅，濫沾雨露。臣顧慚淺學，無補明時。拜賜多儀，分已出於僥倖；讓還好爵，心始覺於和平。願於問安侍膳之餘，爲致辭官就召之請。仕止進退必合義，庶幾抑奔競之風；左右前後皆正人，尚益勉端本之學。臣下情無任激切屏營之至。

書

上定住丞相

昔者周公之爲輔相也，一沐三握其髪，一飯三吐其哺，急於得賢，以共天位，故能致成周之治，爲三代之隆也。然舉賢之道，在於公天下之選，不可徇耳目聞見之偏，而墮朋黨好惡之弊也。伏惟閣下以伊、傅之才，居輔相之位，朝夕求賢，惟恐不及，其視周公，誠不多讓。然天子之職，在擇一相；宰相之職，在擇百官。主上之所以擇宰相而得閣下者，可謂得其人矣。閣下之所以擇百官者，則未聞其人也。邇者朝廷以某隱居不仕，上尊出自光禄，束帛賁于丘園。拔之深山窮谷之中，置之金馬玉堂之上。使某庸陋，濫叨寵渥，豈所謂公天下之選哉？蓋某自幼知非用世之才，又乏過人之識，故棄干禄之學，絶進取之心，投迹山林，躬畊隴畝，自食其力，無求於人。暇則誦詩讀書，以著述爲樂，非敢不仕無義，以廢人之大倫也。好事相傳，指爲隱逸，流布京師，致徹閣下之聽。閣下又不察之而以上聞。某聞命以來，揣分量才，逃避無所，仰愧俯怍，寢食不安。竊惟方今戰士暴露而賞賜不加，賢人在野而弓旌不舉。乃使某譾才陋學，謬膺恩榮，傳笑四方，爲閣下之累，貽朝廷之辱，誠非所以望於閣下也。欲乞廟堂，繳還翰林之命，俾某以布衣躬詣閣下，吐其狂愚，少攄報效。移此恩數，以之賞戰士，則士盡其力；以之招賢人，則人得其用。削平盜賊，坐致太平，然後使某得以優游斯世，美朝廷之治，頌閣下之功，播之聲詩，傳之後世，以爲億萬斯年之美談，玆實天下之望也，某之願也。以此不敢欽受。而使者敦迫，必欲令某親至京師，面自辭免。而某憂患餘生，昏耄成疾，道至海上，復感風痺，不能前進。庸是因其表章之辭，布此腹心之懇。伏望鈞慈，特爲敷奏，遂其初心，實切幸甚。

上漢兒執政書

某惟士君子之於世，固在乎人相知之深，尤在乎己自信之篤。夫以夫子之睿智，察弟子之學行，而許漆雕開以仕，其知之不爲不深矣。及至開以「吾斯之未能信」告，則夫子爲之喜悦。豈夫子之知不如開哉？顧有人己之殊，而開之不自欺爲可貴耳。

某也江東之鄙人也。幼而讀書，既乏明敏之質；長涉世故，又無幹濟之才。不敢自欺其心，投棄林壑，甘與樵牧爲伍，而不爲仕進之謀。重以邇年鄉郡累經寇盜，城郭丘墟，田畝荒落，屋廬焚毁，妻子離散，憂患驚心，遂成疾疢。兼之肢體傷殘，精神消耗，景薄桑榆，昏耄日甚。近者朝廷急於得人，不覈其實，遂以隱逸見舉，即所居拜翰林待制。某自揆匪才，不堪斯任，乞讓名爵，恭俟綸音，許以布衣赴召。而使者堅拒不允，必欲令自赴都陳懇，逼迫上道。勞苦筋骨，衝犯風露，内疢既劇，外感復深，不能前進。兹具表文，布其所以。惟三先生以中原文獻之宗，任廊廟柱石之重。蒼生之所仰望，士類之所依歸。愛人以德，不尚虚文。冒貢尺書，敷陳衷懇。幸因論道經邦之餘，達此衰朽顛連之狀，繳還翰林之命，使某得老倒山林，優游聖世。上不妨朝廷進賢之路，下不屈匹夫自信之心。雖不能有補明時之治，亦可以少息奔競之風。豈惟某之私幸，亦世道之幸也。區區干冒威嚴，下情不勝恐懼之至。

師山先生文集卷之二

論

漢高祖索羹論

以吾身而視天下，則天下爲重；以吾親而視天下，則天下爲輕。故君子之取天下，當大變之來，遇父母之難，又豈可不權其輕重而爲之進退哉？方天下亂離，生民塗炭，以吾身犯鋒鏑之險，蹈不測之淵，爲天下拯焚救溺者，天下重於吾身也。及親陷賊庭，危在頃刻，則舍天下以全吾親者，親重於天下矣。

昔者漢、楚之争，會于廣武，項羽置太公於俎上，告高祖而殺之，所謂危在頃刻者也。高祖於此，所宜卑辭請降，迎歸其父，然後以項羽既弑其君，又欲殺人之父以挾其子，興師問罪，與之决勝負於一戰，定成敗於萬全，未晚也。豈可大言無當，索父之羹，以吾親之重爲天下之一擲哉？向非項羽有婦人之仁，高祖無項伯之援，則太公烹於俎上矣。項羽既殺太公，分羹高祖，然後布告天下，謂高祖不顧其父，挾人殺之而食其羹，興師問罪，則高祖負殺父之名，此身且將無所容於天地之間，又安能與之争天下哉？項羽計不出此，反惑於「爲天下者不顧其家」之言，使太公幸而獲免，高祖因之成事。天下遂以高祖爲得計，索羹爲名言，紊綱常之義，失輕重之權矣。使後世臣子懷必勝之心，忘君親之難者，未必不自此言發之也。

桃應問：「舜爲天子，皐陶爲士，瞽叟殺人，舜如之何？」孟子曰：「舜視棄天下，猶棄弊屣也。竊負而逃，遵海濱而處，終身欣然，樂而忘天下。」高祖當以爲法。❶

唐太宗論

父有天下，傳之於子；子有天下，尊歸於父。此古今之通義，帝王之常經也。堯以天下與舜，未聞舜以瞽叟爲辭；太王以國傳季歷，未聞季歷以太伯爲解。蓋當天下離亂之際，苟德在己，則起而應天順人，救民於水火之中矣，又奚暇讓其父兄哉！

昔者隋煬暴虐無道，盈於桀紂。生民受禍，甚於塗炭；天下怨之，過於寇讎。於是盜賊蠭起，干戈林立，誅隋之師，不期而會。然皆陳勝、吴廣之徒，未有商湯、周武之比。獨太宗以聰明勇決，識量過人，見隋室方亂，陰有安天下之志，當時豪傑皆歸心焉。人之議之，則曰命世之才。太宗之心，亦必以高、光自許，是蓋湯、武之亞矣。衆人之論，固未嘗及於高祖，而高祖之志亦不足以及於是也。使太宗因天心之厭亂，順人心之思治，以天下之憂，爲一己之任。義旗一舉，豪傑雲蒸。以之興弔民問罪之師，行放桀伐紂之事。乘虚入關，號令天下。數煬之惡而誅其身，代煬之位而反其政。然後用漢太公故事，尊其父爲太上皇。半年之

❶「以」下，四庫本有「此」字。

間，定天下而成帝業。身没之後，位傳于子。前免挾父之名，後免弑兄之惡。湯、武之事復見於後世，唐室之治可追於三代矣。顧乃拘拘於父子名分之間，孜孜於詳度論議之細。不量其父之才，必欲强以天下之重。言之而不從，則刼其過失，訹以禍福。及其義兵既舉，大事已集，猶且自加殊禮，至于九錫。既不以征伐之事上同於湯、武，乃竊取禪授之名下同於莽、操。亦不聞太宗之有一言，何也？蓋太宗才過於德，識不逮志，卒成骨肉之禍、遂陷簒弑之名者，皆始謀之誤也。

或曰：「高祖身爲唐公，職掌兵權，非太公之比。使太宗而自舉事，則高祖必起而誅之矣。」今以史考之，太宗之初説高祖也，高祖蓋欲執而告之矣。明日復説之，則以其言爲大有理，且曰：「今日破家亡軀亦由汝，化家爲國亦由汝矣。」及裴寂問之，則曰：「事已如此，當復柰何！正須從之耳。」觀於此言，太宗舉事，高祖又豈能殺之哉？况太宗之在當時，天與之，人歸之。使其父有瞽叟之暴，頑母之助，塗廪浚井，且不能害之也，况高祖乎？不肯逆天違人而害其子也，必矣。太宗之事，千古之遺恨也。或者之言，又豈足爲太宗解哉！

張華論

嗚呼！聖人既爲經以定天下之常，復爲權以盡天下之變。於是經權相濟，若體用然，而天下事無不可爲者矣。人君者，天下之義主也。義之所在，天下共爲之主矣。苟義去之，匹夫而已，豈得爲天下之主乎？人臣之事其君，幸而遭遇明哲，固當盡職奉公，竭忠事上，守其常分，毋或凌犯。不幸遭遇昏愚，縱情暴虐，肆行禍亂，毒害生靈，傾危宗社，爲之大臣者則權之以義，而有伊、霍之事焉。人主尚爾，况母后乎？若曰君臣上下，素有定分，階級等威，不可踰越，拘俗儒之常談，守匹夫之小節，坐視禍亂，至於危亡而莫之救，則將焉用彼相矣？

吾讀《晉書》，於賈后之禍，不能不深罪於張華焉。夫華者，晉室之大臣，天下之元老。在武帝時即以文學才識，名重一時。議者謂宜爲三公，蓋朝廷取以爲法，宗社恃以爲安，四海之所屬望，萬民之所歸心。况惠帝顓騃，國家大計獨寄之大臣者乎？賈后專政，淫亂暴虐，誣元舅以謀反而殺之，廢太后爲庶人而幽之。此大逆無道，人神之所共怒，王法之所必誅。苟不能討，禍亂必矣。况賈后爲妃之時，戟擲孕妾，武帝嘗欲廢之，具有詔旨。張華苟能倡明大義，廢黜賈后，正名定分，以安反側，則太后可復，儲貳不致於動摇。國本既安，天下自定，此撥亂反正之道也。顧此不爲，而乃議曰：「太后黨於所親，爲不母於聖世，宜依漢廢趙太后故事，稱武皇后，居異宫。」此何言哉！善乎董養之言曰：「公卿處議至此，天人之理既滅，大亂將作矣。」及其弑太后而覆殯之，賈模、裴頠謀欲廢后，華尚欲使模、頠調停勸戒，謂不致大悖，則天下未亂，而已得以優游卒歲。不知何者謂大悖，何時爲大亂乎？及其謀廢太子，劉卞請因太子入朝，廢賈后於金墉城，華猶曰：「天子當陽。太子，人子也，相與行此，是無君父，而以不孝示天下也。」卒使太子幽廢以死。國本一摇，天下遂亂。孫秀之姦謀以起，趙王倫之篡逆以成。馴致骨肉相殘，五胡乘間，宗社播遷，中原不復。是果誰之罪哉？華之族滅身亡，有不足惜者矣。嗚呼，華也！昔者力贊平吴之策，何其勇也！今者力沮廢后之謀，何其怯也！蓋華本庸人，專於詩書名物之間、制度文爲之末，才不足以制變，學不足以適道，豈知天下之大義、聖人之大用哉！ 若華者，所謂具臣而已矣。 孔子曰：「可與立，未可與權。」華且未知所謂立，安知所謂權哉！

狄梁公論

或問曰：「狄梁公，唐之社稷臣也，或者譏其事女主，此説然乎？」予曰：不然也。 公山弗擾以費畔，召子，欲往，且曰：「如有用我者，吾其爲東周乎？」佛肸以中牟畔，召子，欲往，且曰：「不曰堅乎？ 磨而不磷。不曰白乎？ 涅而不淄。」此孔子所以爲聖之時也。 武曌音照。 以一婦人滅唐簒位，奄有天下，南面稱制，莫敢誰何，此古今所未有之大變也。 革命之際，百官宗戚，百姓四夷，合辭而勸進者六萬餘人。 方是時也，人心天理，蓋蕩然矣。 豈復知男女内外之定位，君臣上下之大倫哉！ 李昭德雖有姑姪相簒之言，不過詭計以奪武承嗣之權。 吉頊雖有請還廬陵王之語，不過爲二張長保富貴之策。 不有梁公心在王室，志復我唐，智識足以破其姦謀，至誠足以折其詐僞，忠言讜論足以沮其邪心，婉辭曲意足以興其善念，卒還中宗，又薦張柬之等誅除姦惡，以成反正之功，則天下爲周，唐室不復，奪攘簒弑之禍興，誅討征伐之事起矣。 生靈受禍，何時而已乎？ 唐之宗社，又豈復有二百餘年之血食哉？ 予嘗謂梁公事女主、復唐室一事，合於聖人之時，豈但有不可譏議而已乎？ 爲斯言者，多見其不知量也。

雖然，予於梁公，猶有遺憾焉。 孔子爲魯司寇，攝行相事，七日而誅少正卯。 孔子豈亟亟於誅戮者哉？ 蓋恐事機之或失而罪人之幸免也。 武曌簒位至梁公薨，十有七年矣。 梁公入相，亦三年矣。 方帝在房州，猶懼相去懸隔，萬有不密則害爲成。今帝已還東宫，朝夕在側，左袒一呼，其有不應者乎？顧乃遷延猶豫，終于相位，必待張柬之之徒以終厥志。梁公之薨已七十一歲，所薦張柬之又年八十餘矣。使天不假之年，則不幾於失其事機乎？況梁公才識有過人者，使其自爲，誅戮之際，必有施爲，後日決無五王葅醢之患矣。抑此豈直梁公之失哉？亦由當時教化不明，綱常淪廢，不知武曌之爲賊而失誅討之義，以至於此也。傳曰：「兵出無名，事故不成。明其爲賊，敵乃可服。」又《春秋》之義，亂臣賊子，人人得而討之。❶故陳恒弑其君，孔子請討之惟恐後。夫武曌之所以貴於天下，與天下所以奉之者，以其爲唐室之后，天下之母也。今武曌改唐國號，滅唐社稷，廢唐宗廟，逐唐人主而篡其位，則是唐之賊矣，又豈得復爲天下之母乎？在廷之臣，皆嘗北面事之，但知其前日爲天下之母，不知其今日爲唐室之賊也。何以言之？武曌之遷上陽宫也，姚崇嗚咽流涕，張柬之曰：「此豈公嗚咽流涕時耶？」崇曰：「前日從諸公討姦惡，人臣之義也；今日别舊君，亦人臣之義也。」夫以姚崇之賢，猶以其爲舊君，在他人又安知其爲賊乎？使當時在廷大臣有一人之識足以及此，明其爲賊，聲罪而致討焉，綱常一明，人心自振，豪傑風起，不旋踵而誅之矣，又豈使後世復有遺憾，如今日之所云乎？近世胡氏數其九罪，恨當時不即誅之，後日不追廢之，可謂痛快的切矣，然猶未正名其爲賊也。予故發明胡氏之意，正名武曌之爲賊，使綱常之分大明於天下。後世母后有託以垂簾聽政，包藏禍心，謀爲不軌如武曌之爲者，其忠臣義士防微杜漸，不俟終日，當其未成也則有以沮之，若其既成也則

❶「討」，四庫本作「誅」。

有以誅之，庶幾簒逆之謀息而禍亂之原塞矣。故特於梁公責備焉。

讀歐陽公趙盾許止弒君論

余觀《左傳》所載，皆魯史舊文，明白可信。及丘明稍加隱括，附以議論，然後事蹟泯滅，是非乖謬，《春秋》之旨始有不可得而考者矣。及《公羊》、《穀梁》定爲義例之説，但有不合，則曰此聖人之微意也，一切舍事實而求之空言，使聖人筆削之妙，下同刻吏弄法之文，而仲尼之志亦復不可見矣。然則《春秋》之不明，三傳蔽之也。今以趙盾、許止之事觀之，經皆書「弒」，初無「不討賊」、「不嘗藥」之文也。自左氏設爲君子之言，託爲孔子之説，二傳從而和之，趙盾、許止弒君之情始晦，而諸儒議論之辭起矣。去之千載，卒未有能破其説者。至歐陽子，始評而議之，真傑論也。然歐陽子以高才偉論，不待考據本末，二人者弒君之情已不可遁矣。以常情觀之，非考驗事實，證據明白，未易輕信而不疑也。

晉靈公欲殺趙盾，盾乃謀弒靈公，遂使趙穿攻於桃園者，情也。謀既定則出奔以待其舉，事既遂則復國以成其亂者，蹟也。盾蓋主謀，穿特從之爾。故太史書曰「趙盾弒其君」，誅首惡也。盾以其非親弒，可以自掩，欲爭以苟免，於是史狐對曰：「子爲正卿，亡不越境，反不討賊，非子而誰？」所以爲之辭，而證其主謀乎弒也。❶ 況趙盾反國，非惟不能討賊，既聞狐語之後，又使趙穿迎公子黑臀而立之，情蹟益彰露矣。左氏但

---

❶ 「弒」，原作「殺」，今據至正本、四庫本改。

泥其「不越境」、「不討賊」之辭，而不察其「非子而誰」之語，故謂狐直以盾不討賊而加以弑君之罪，又從而託爲孔子之説，惜其不能越境以免，二傳從之，而姦臣賊子之情跡始得以自諱而幸免矣。許悼公瘧，飲太子止之藥而卒，太子奔晉。夫飲其藥而卒，則是進毒以鴆其父矣，父死而奔，則是弑君而避討矣。苟非其弑，父死之後，居喪即位，自有常禮，豈有棄父之喪而奔他國者乎？左氏因史無弑父之文而有進藥之語，又從而推之曰：「盡心力以事君，舍藥物可也。」於是《公羊》、《穀梁》益得以肆其支離之説，而許止弑父之蹟幾泯矣。余故曰：「《春秋》之不明，三傳蔽之也。」程子曰：「以經證傳之誤，以傳補經之闕。」讀《春秋》者以是法求之，其不合者寡矣。

趙苞論

君臣者，天下之大義；母子者，一身之私親。以私親而忘大義，固不可；因大義而殺私親，豈人情也哉？此趙苞所以處其君與母之變，而莫知所適從也。夫寇之所以刼制其母者，以其子之爲太守也。太守之所以受制於寇者，以其身有守城之責而進退兩難也。當此之時，以城降寇而求生其母則爲不忠，以城拒寇而致殺其母則爲不孝。爲苞之計，唯當對寇自殺，使城守之責歸之佐貳，破其挾制之謀，絶其覬覦之念。母在寇中遂爲棄物，一老婦人殺之何益，寇必委而去之，不求生其母而母自生矣。苞之死也，豈不爲全人哉！惜乎，苞知君臣之不可相背，而不知母子之不可相殘，遂致遽戰而殺其母也。及觀苞既葬其母，即歐血而死，則當時不死而遽戰者，苞非愛其身也，特出於倉惶急迫，一時思慮之所未及，識見之所未至耳。然母既死矣而苞死之，則其死也亦徒死矣。惜哉！

李璀論

凡人處君親之間，當大變之際，既不能兩全其道，則當各盡其道而已。若李璀者，其有得於此乎？方懷光之將反也，璀陳逆順之理，盡諫諍之道。知其父之志決不可移也，則言於德宗，使爲之備，見君恩之不可背。及懷光之敗也，則自殺以殉父，見親難之不可違。觀其言曰：「臣聞君、父一也，但今日陛下未能誅臣父，而臣父足以危陛下，故不忍不言。」雖當大變之際，而粲然君臣之倫。又曰：「臣父非不愛臣，臣非不愛其父與宗族也，顧臣力竭不能迴耳。」雖在大難之中，而藹然父子之恩。及德宗問其自免之策，則對以俱死，既不背其君，又不遺其親，斯爲忠孝兩全矣。君爲臣綱，父爲子綱，豈不各盡其道哉！按免懷光一子死，使收葬，則懷光猶有後也，璀之死可無毫髮遺憾矣。致堂胡氏謂德宗欲全璀，則宜預詔馬燧，以懷光畔逆罪止其身，念嘗勤王，特宥其子，使懷光父子知之，則懷光必使璀勿死，而璀亦可以不死矣。以愚觀之，雖有德宗之詔，懷光之言，璀必死而後已，安肯託之以自免哉！縱迫於君父之言，暫焉不死，此心其肯安乎？亦必死而後安也。璀謂使臣「賣父求生，陛下亦安用之」者，蓋其本心也。李泌謂「使其不死則亦無足貴」者，得其本心矣。悲哉！

漢昭烈顧命論

五帝官天下，三王家天下，其法固不同矣。然聖人豈容毫髮置私意於其間哉？亦曰與天下公之而已。立子以適，三王不易之常經也。然爲天下得人，則兼用官天下之法焉。故太王舍太伯而立季歷，文王舍伯邑考而立武王，其欲天下乂安，宗社不廢，則一而已。

漢有天下四百餘年，桓、靈不道，僭亂四起，操、丕父子，遂簒帝位。昭烈以帝室之胄，擁益州之衆，三顧孔明於草廬之中，遂定君臣之分。相與披荆棘，犯霜露，同死生，共甘苦者，十有七年。鞠躬盡力，死而不已者，皆爲興復劉氏也。昭烈豈爲身謀？孔明，蓋社稷之臣也。今劉禪昏愚暗弱，縱使伊尹阿衡、周公輔相，亦必危亡而後已，雖百孔明如之何哉！此幸有説。既曰興復劉氏，則凡高祖之子孫皆天下之共主，何必拘拘子禪嗣位而後爲漢祀不絶哉？爲昭烈之顧命，宜曰：「朕與丞相所以經營天下者，凡爲興復劉氏也。今天奪我志，病不能興。嗣子可輔，輔之；如不可輔，則擇劉氏之賢者而立之。」孔明，王佐之才，必有以處此，而劉氏之社稷復興矣。惜乎昭烈之識不足以及此，而乃言曰：「如不可輔，卿可自取。」置孔明於嫌疑之地，欲用權而擇賢，則恐天下以昭烈之言而疑己；欲守經而不變，則苦劉禪之昏愚而不可有爲。終於天下三分，不能混一。孔明既死，劉禪卒就擒縛。及其入魏，屈辱百端，畧無愧耻。豈惟劉氏之宗社不嗣，遂使高祖、光武含羞地下，抱憾無窮。古人謂「出師未捷身先死」，非但天不假孔明以年，不克終大事，實由昭烈顧命失言，後嗣非人，遂亡其國。悲夫！

子陵不屈光武論

士有間百世而始出，屈萬乘以自高，舉世謂之有道之士，吾則曰潔身亂倫而已。昔者嚴子陵與光武同遊學，及帝即位，乃變姓名，隱身不見。帝思其賢，物色訪之，徵拜諫議大夫，不屈。後之議者皆曰：「子陵非隱者流，其不仕也，有深意焉。光武在南陽時，子陵告以克復神器，入繼漢統，其説詳矣。帝能行之，遂致中興之業。子陵雖出，無以加此。」然則堯、舜、禹、湯、文、武之治，不足法歟？光武之治，其果不可復加乎？漢止於漢，而不及唐虞三代者，子陵與有責焉。又曰：「光武，子陵故人也。不屈，所以全朋友之倫也。」然則湯之於伊尹，學焉而後臣之者，非歟？又曰：「子陵之意，實欲起東漢之名節，以勵一時之薄俗。」孟子曰：「上有好者，下必有甚焉者矣。」在位而化之以禮，教之以義，獨不可乎？若是者，子陵之出處，其果皆當理而無私心乎？光武，一代之賢君，所謂可與有爲者也。使子陵屈己事之，則伊尹、周公不得專美於前，而生靈被其澤矣。顧乃長往不反，甘爲長沮、桀溺、晨門、荷蕢之徒，豈不重可惜哉！孔子可以仕則仕，可以止則止。孟子曰：「乃所願，則學孔子。」此聖人之出處也，子陵其有合乎？光武曰「狂奴故態」，蓋知子陵爲最深者也。子陵曰：「唐堯著德，巢父洗耳。」其志蓋在是矣。今夫世之飾智巧以逐浮利者，固名教之罪人。至於子陵，道與時偶，三聘而至，道亦尊矣，志亦行矣，何苦懷其寶而迷其邦哉？故朱子於《通鑑綱目》書曰：「徵處士周黨、嚴光、王良至京師，黨、光不屈。」義亦見矣。讀者宜細玩之。

師山先生文集卷之三

序

春秋經傳闕疑序

嗚呼！夫子集群聖之大成，《春秋》見夫子之大用。蓋體天地之道而無遺，具帝王之法而有徵。其於事也，可以因則因，可以革則革；其於人也，可以褒則褒，可以貶則貶；其爲綱也，則尊王而賤霸，内夏而外夷；其爲目也，則因講信、脩睦、救灾、恤患之事，而爲朝覲、聘問、會盟、侵伐之文；其主意也，則在於誅亂臣，討賊子；其成功也，則遏人欲於横流，存天理於既滅，撥亂世反之正，損益四代之制，著爲不刊之典也。故曰：「知我者，其惟《春秋》乎！罪我者，其惟《春秋》乎！」知之者，知其與天爲一；罪之者，罪其以匹夫而行天子之事。又曰：「我欲託之空言，不如見之行事之深切著明也。」故《易》、《詩》、《書》言其理，《春秋》載其事。有《易》、《詩》、《書》而無《春秋》，則皆空言而已矣。是以明之者，堯、舜、禹、湯之治可復；昧之者，桀、紂、幽、厲之禍立至。有天下國家而不知《春秋》之道，其亦何以爲天下國家也哉！

然在當時，游、夏已不能贊一辭。至於三家之傳，《左氏》雖若詳於事，其失也誇；《公》、《穀》雖或明於理，其失也鄙。及觀其著作之意，則若故爲異同之辭而非有一定不可易之説。兩漢專門名家之學，則又泥於灾祥徵應而不知經之大用。唐、宋諸儒，人自爲説，家自爲書，紛如聚訟，互有得失。程子雖得經之本旨，惜無全書。朱子間論事之是非，又無著述。爲今之計，宜博採諸儒之論，發明聖人之旨。經有殘闕則考諸傳以補其遺，傳有舛訛則稽諸經以證其謬。使經之大旨粲然復明於世，昭百王之大法，開萬世之太平，然後足以盡斯經之用。而某也，非其人也。間不自揆，嘗因朱子《通鑑綱目》之例，以經爲綱，大字揭之於上，復以傳爲目，而小字疏之于下。敘事則專於《左氏》而附以《公》、《穀》，合於經者則取之；立論則先於《公》、《穀》而參以歷代諸儒之説，合於理者則取之。其或經有脱誤，無從質證，則寧闕之，以俟知者，而不敢强爲訓解。傳有不同，無所考據，則寧兩存之，而不敢妄爲去取。至於誅討之事，尤不敢輕信傳文，曲相附會，必欲獄得其情，事盡其實，則以經之所作，由於斯也。其他常事則直書而義自見，大事須變文而義始明。蓋《春秋》有魯史之舊文，有聖人之特筆，固不可字求其義，如酷吏之刑書；亦不可謂全無其義，如史官之實録也。聖人之經，辭簡義奥，固非淺見臆説所能窺測。重以歲月滋久，殘闕惟多，又豈懸空想像所能補綴？與其强通其所不可通，以取譏於當世，孰若闕其所當闕，以俟知於後人？程子謂《春秋》大義數十，炳如日星，豈無可明之義？朱子謂起頭一句「春王正月」便不可解，固有當闕之疑。某之爲是書也，折衷二説而爲之義例，所以辭語重複、不避繁蕪者，蓋以常人之心，窺測聖人之意，反復推明，猶懼不得其旨也，況敢吝於言乎？然亦姑以便檢閲、備遺亡而已，非敢謂明經旨、傳後世也。觀者幸恕其僭。

周易大傳附註序

伏羲畫八卦而文籍生，則《易》於諸經爲首出；秦焚典籍而《易》獨存，則《易》視諸經爲全書。天地萬物之理，古今萬事之變，《易》無不具；吉凶消長之故，進退存亡之幾，《易》可前知。所以爲潔浄精微之教，而示人以開物成務之道也。《易》其可一日不講乎？

予自中年，即有志於是書。學陋識卑，不敢有所論著。至正壬辰，蘄黄紅巾攻陷吾郡，禍及先廬，累世藏書無片紙存者。求之親舊，悉皆煨燼。雖欲一《周易》白文讀誦，亦不可得。後三年乙未，被召至四明，始從友人胡伯仁氏假得《程朱傳義》。歸來山中，日誦一卦，似若有所得者，折中二先生之説，合爲一書，名曰《程朱易契》。間有一二己見，不敢附入，始有僭越論著之意，又以無書考據而止。丁酉之秋，復避亂淳安之梓桐源，出入澗谷，上下林壑，寂寥無事，心地湛然。因思天地一《易》也，古今一《易》也，人物一《易》也，而吾身亦一《易》也。自天地而斂之，以至於吾身，《易》之體無不備；自吾身而推之，以至於天地，《易》之用無不周。又以吾身而論之：心者，《易》之太極也；血氣者，《易》之陰陽也；四體者，《易》之四象也；進退出處之正與不正，吉凶存亡之所由應者，《易》之用也。如此，則近取諸身而《易》無不盡矣。雖無書可也，無畫可也，又何有於傳註乎？又何事於考據乎？况伏羲作《易》，文王繫之辭以明其卦，周公繫之辭以明其爻者，經也。孔子爲之《彖》，爲之《象》，爲之《文言》，所以釋文王之卦辭；爲之《小象》，所以釋周公之爻辭。其源委綱領之論，不可附入各卦者，則爲之總論，號《繫辭》上、下篇，其各卦義有未盡者，則發凡例於《繫辭》之中。又爲《序卦》以明其次，《説卦》以明其象，《雜卦》雜述其義者，則《易》之傳也。今人舍夫子之《易傳》而欲明文王周公之《易經》，其亦昧於明《易》之道矣。乃取文王、周公之辭以爲經而列夫子之辭以爲傳，其或夫子之傳辭義深奧，則附以註説，名曰《周易大傳附註》，庶幾三聖人之書，不費辭説而義自明矣。

嗚呼！四聖人之心，天地之心也。三聖人之書，所以發明天地之精微，乾坤之藴奥，夫豈淺見薄識所能窺其萬一？是書之作，徒見其妄誕不知分量之罪而已，何有補於《易》哉！雖然，二文之經，夫子之傳，自足相發，有不待論著而明者，則亦千古之確論也。讀者試以是求之。

送趙典史序

典史，縣幕官也。其受省檄，秩從九品下，其事則檢舉勾銷簿書，擬斷決。禄薄位卑，務繁任重，一縣之得失，百里之利害，常必由之。官所以治其民，民所以治於官，而位乎官民之間者，典史也。欲上而奉承無怠，下而撫字無虧，其爲職不亦難乎！故催科少緩，簿書失實，則長貳責我；刑政稍猛，期會太迫，則吏民責我。惟虚心待物，善則稱人，過則稱己，布長貳之德以施諸吏民，致吏民之頌以歸美于長貳，始可免焉。宣城趙顯甫，典史淳安縣，解而東歸，舉是説以贈，且書之送行詩卷之首。

送黄子厚序

星源王仲履，以明經教授諸生，文學德行在諸老中尤爲超卓。與余交甚善，嘗爲余言其里中黄君子厚之賢，而余未之識也。至治癸亥秋，余與仲履同試藝于有司，時子厚爲於潛簿，亦被檄在院。後數日，始相識於錢塘旅邸。望其氣，和而有容色；聽其語，平易而直諒。余既驗前聞之不誣，又以喜仲履之能知人也如此。越明年，余復與子厚遇於新安傳舍，一見如平生歡，相與議論古今，窮極經史，下逮名詩法帖、刑名術數，靡不談討，亹亹不倦。余又以知子厚之學爲有本，而其施之有序也。抑余聞子厚之在於潛，凡簿之所得爲者無不爲，而其所不得爲者亦無不盡心竭力以佐其長令，而務及其民。子厚之政，固賢於流俗矣。雖然，導以善，而不善者化，古之善教也；旌其能，而不能者勉，後世之善治也。於潛雖小，劉女子之遺烈、洪平齋之文獻在焉。子厚其爲我求二家之後，顧問而存卹之，將見子厚之政，不勞而治矣。他日歸以語仲履，仲履又將爲余喜也。

送徐推官序

士君子在天地間，唯出處爲一大事。故觀其出處之節，而人之賢否可知。雖然，出處之際，禍患之來，常有不可避者，君子亦曰聽其在天者而已。故觀人者不特論其得失之見於外，又必察其是非之存於中者，而後人之出處可得而論也。今自三代以上，孔子、孟子羈窮困厄，此聖賢之出處不敢説，姑即自唐以來數君子而言之。平章事陸贄敬輿，吏部侍郎韓愈退之，宋丞相司馬光君實，龍圖閣學士蘇軾子瞻，軾弟黄門侍郎轍子由，太史黄庭堅魯直，徐州教授陳師道無己，此其人皆有事業在天下，文章傳後世，爲士者所共知識。敬輿以言事忤宰相裴延齡，責授忠州别駕。退之言迎佛骨非是，幾置之死，末減斥逐嶺南。君實以直道讜論，號爲巨德元勳，身陷誣詬，名書黨籍，禁錮之酷，及其子孫。子瞻與章惇不合，儋州安置。子由貶雷。❶魯直作《承天寺記》，議者以爲言涉訕謗，竄宜州。無己特以送别蘇公，亦坐免官。此數君子者，甚或除名削籍，顛沛流離，一至于極，而不害其爲出處之正，是豈以自外至者爲榮辱邪？

聊城徐公敏夫，以江浙行省都事來爲吾郡推官，慮獄詳讞，人不稱寃。以其暇日，進儒生講説詩書，觴酒賦詩無虚日，蓋亦君子人也。泰定元年四月，被論連坐去官。士友至有爲之流涕者，而公處之怡然，若無與於得失。予於是益有感焉。於其歸也，備述前世諸君子之出處，以解士友之憂，以頌公之行事，而復書以爲送行序云。

送鮑國良之官巢縣詩序

鮑君國良與予生同里閈，觀其平居暇日，冲默簡静，若不能言，矩步徐行，如不勝衣，父母具慶，子孫詵列，閨門之間，孝友慈愛，處己待人，咸有法度，予每敬慕焉。他日受調巢縣主簿，歸自京師，過予言别。予知鮑君以率其身者化其人，刑於家者施於政，其於巢縣之治，有不難矣。

雖然，古人以治縣爲最難事，故目縣曰「縣灘」，謂人之爲縣，若舟楫之過灘瀨也。然此特指縣令而言爾。古今異制，古者縣令專制一縣之事，簿則分掌簿書而已。今之制，長令與簿共坐一堂之上，遇有獄訟，

❶ 「雷」下，四庫本有「州」字。

公議完署而後決遣之。矧一縣之事，自下而上，必始於簿。簿苟可否失其宜，政不平矣。故今簿之職，視古爲尤難，而責爲尤重也。鮑君是行，承上接下，必思有以盡其心，毋徒曰「棲棘非吾志也，吾苟歲月以待調耳」。吾將見鮑君爲淮右之最官，而巢民蒙其福矣。於其行也，鄉之俊彦以「蛟龍得雲雨，鵰鶚在秋天」分韻賦詩，以重其别。以予嘗從四方賢士大夫學問政焉，屬予以序，予不得辭。

送唐仲實赴鄉試序

唐仲實將隨舉試藝于有司，以其尊府君之領教分水也，先期而行，枉道省覲。臨行，從予徵言爲别。予謂科舉之設久矣，唐宋之盛，名公鉅卿胥此焉出。我國家延祐初詔行科舉，今二十年，馬伯庸爲御史中丞，許可用爲中書參政，歐陽原功爲翰林學士，張夢臣爲奎章學士，科舉之士，臺省館閣往往有之，不爲不盛矣。其取士之法，經疑、經義以觀其學之底藴，古賦、詔誥、章表以著其文章之華藻，復策之以經史時務以考其用世之才，亦既嚴且詳矣。然朝廷不以是爲難也，必曰鄉黨稱其孝弟，朋友服其信義，然後得與是選焉。豈非以德行爲本，文義爲末乎？予與分水君爲忘年之友，辱愛最深，知仲實之才超于人人而學出乎等夷也。今將試藝于有司，又必先過其親，躬省覲之禮，盡孝弟之實，可謂知所先後矣。其言其行，必有合乎今之良有司，以無愧乎科舉之盛也。故序而送之。

送汪仲罕主簿序

稱隱汪先生，生先先君子一年，道德學問實相表裏，出處仕宦又相先後，故兩家子弟相與如骨肉，而鄉里稱二父爲鄉先生焉。先君子既没，予父事而師承之者，唯汪先生而已。每過先生，必造卧内，拜先生牀下，起而侍立，見壁間所書，無非警學者語，而於戒酒之訓尤拳拳焉，似若爲其仲子罕發也。罕工書善畫，嗜飲酒，終日陶陶，世間榮辱利害未嘗毫髮掛于心也。所至醉墨淋漓，人争取之，以爲奇玩。去年冬，姪潛來，謂罕酒戒甚嚴，予未之信。今年春，往見先生，退與罕語，且曰：「吾爲酒所困二十年，今而戒之，豈唯不致廢事，神氣清爽，於養生之道蓋有得焉，是皆吾父之教也。今將之官麗水，子於吾有兄弟之好，其何以教我？」予爲之言曰：「昔劉玄明謂傅翽作縣令，惟日飯一升，莫飲酒，此第一策。子能克守家訓，益嚴酒戒，則子之明足以燭理，勇足以任事，惠足以愛民，嚴足以御下，於從政乎何有！而又何待於予言！」罕曰：「吾行矣，請書諸紳以爲佩。」

王仲履先生詩集序

先生姓王氏，諱儀，字仲履，新安婺源人。幼穎悟，力學過人，於書無所不讀，高於古文，尤高於詩。自其少時，日課一詩，稍有未安，吟哦至夜分不睡。故其爲詩，直追古人，近世作者未見其比也。然其格律高古，用意深遠，非篤嗜古學、不淪流俗、深有得於詩之妙者，不足與論乎此也。延祐元年，科舉初行，當時未有陳腐之習，所得多山林實學之士，故先生首與焉。羈窮困苦，又十有七年，始獲爲池陽儒學教授。未幾，以外憂去官。明年，先生卒矣。後五年，徵諸其子，得詩七百六十有六篇，刻之梓以廣其傳。若夫其文之傳，尚有望於同志之士。而所刻詩，但據家藁所存，旁蒐博采，續爲外集，使無遺逸之恨，是亦同志之事也。玉於先生爲諸生弟子，先生常以伯仲視予，且謂予詩似邵康節，又似陳希夷。嗚呼！先生没今七年矣，予詩進否，安得起先生而一論之！

羅鄂州小集序

文章與天地相爲終始，視世道之升降而盛衰者也。蓋自夫天地既判，三辰順布，五行錯出，其文著矣。伏羲畫卦而人文始開，文王贊《易》而文益備矣。及夫兩漢，二馬、楊、班，或以紀事蹟著于策書，或以述頌功德刻之金石，文章之作，始濫觴矣。自是而降，一代之興必有一代之制，而文章亦由是而見焉，豈唯足以傳其事功，因以觀其治亂。故唐之盛則稱韓、柳，宋之初則有歐、蘇。南渡以來，又世道之一變也，見稱於時則有吾州二羅公焉。六朝五季，蓋寥寥乎無聞矣。

然則三代而上，聖賢迭興，其所述作，尊以爲經，不專於文章而不能不文章。兩漢而下，文人才士相與論著，流而爲史，必工於文章而後能文章。今之文章，兩漢之謂也。

大羅名頌，嘗知郢州；小羅名願，嘗知鄂州。鄂州之文，尤爲縝密古雅，惜其全集不傳。今行于世者，鄂州通守劉清之子澄之所刻。蓋鄂州既終于郡，子澄因以所見裒集成書，號《鄂州小集》，視其大全，蓋什一耳。歲月既久，《小集》亦不復存。予嘗得之於藏書之家，讀而愛之，乃謀刻之梓以廣傳布。從予遊者，洪氏之兄弟，曰斌，曰杰，曰宅；鮑氏之叔姪，曰元康，曰深，樂以其資共成之，而請予爲之序。

予聞諸先生長者，南渡後，文章有先秦西漢之風，新安二羅其人，而《淳安縣社壇記》尤爲世所稱誦。以予觀之，《陶令祠堂記》、《張烈女廟碑》，理嚴辭暢，讀之如登軒陛而聞鍾呂之音。至於論成湯之慙德，則所以發千古聖賢之心，明萬世綱常之正者，爲何如哉？宜其稱於當時，傳於後世也。但朱文公常欲附名集後，卒不及有所論作。顧予何人，而序其首？此則鄂州之不幸，而予之大幸者也。因爲上下天地經史之文，古今盛衰之變，使讀者知其所自而不苟焉，是亦爲學之一助也。鄂州字端良，號存齋，乾道二年進士。

送鄭照磨之南安序

國朝之制，各路設首領官三員，總領六曹，職掌案牘，謂之賓幕，與郡侯、別駕分庭抗禮，不敢待以司屬。其官曰經歷，曰知事，曰照磨。照磨，初名提控案牘，行省版授，後改兼照磨承發架閣，乃命於朝，列第九品。今銓曹以員多，雖正從八品皆借注爲之，又兼領對同承發檢舉勾銷，與夫圖籍之所藏，案牘之所度，別有印章。其位視經歷、知事雖在下，而事加繁劇焉。令甲，凡在外諸司署牘，皆自下而上。故一路之事，必自照磨始。照磨以爲可，則署而呈之府，然後行之州縣，照磨以爲不可，則格不得行。故一郡之休戚，衆務之得失，在於照磨一署之頃。照磨署之當則一郡蒙其福，照磨署之不當則一郡受其害矣。照磨之職，可不謂重且劇哉！

同姓兄仲賢，由文學掾借注巡檢，既有武備矣，乃辟廣東帥府掾，尤長於吏事。考滿，當升八品，銓曹以無闕，借注南安照磨。行有日，親族咸在，設宴以爲餞。玉舉酒屬之曰：「不卑其官而勤其事，古人之所以爲善政也。吾兄之爲南安，一事之來，必思其當，當而後行，不當必不行。凡閲一牘，商一事，必盡其心，曰：錢糧者生民之脂膏，刑名者百姓之司命。詞訟不理則民生怨懟，銓選不公則吏不勸戒。如此，事其有不當者乎？吾將見南安之吏安恬於職，南安之民歌謠於道矣。豈特南安之幸，亦吾宗之榮也。」

燕耕讀堂詩序

余年十八九時，從胡先生緑槐氏學。明年，先生與鄉舉，余以年不及，格不得行。先生之友張子經氏實與偕行。未幾，子經自杭先歸，携先生書過予，始得相識。書有「過元城不可不見劉忠定公」之語。今三十年矣，子經乃來鄉里横經開講席，諸生得聞所未聞，獨余爲最故。三月七日，驟雨乍霽，天氣清明，携酒過鮑氏耕讀堂，與子經叙故舊。是日會者，項子聞、鮑仲安與其姪伯原、以仁、伯尚，諸生得侍者鮑安、鮑葆，以「時赴鄭老同襟期」分韻賦詩，留余爲序，不得賦。余惟感今思昔，俯仰慨嘆。方余從先生遊時，年少氣鋭，勇於爲學，故先生有「元城劉忠定公」之語，所以望余者至矣。今余髮種種，年已入無聞，學問日益荒落，所以負先生者至矣。固無以見子經也，他日又何以見先生於地下乎？因爲之序，以識余之愧云。

頌葉縣丞平金課時估詩序

徽素不産金。至元間，山民淘澗谷，得金如糠粃，校所取不酬勞，事尋已。獻利者罔上病民，遂傳令，令歲入金，以錠計五十有二。郡既不産金，民無從得金，猾吏豪右貿他郡，待民急而售之，又從索費，與賈讎至倍，號「攬户」。事覺，則以其倍計贓，論罪如法。官中每月以民間所用平其直，遞申所司，謂之時估。攬户懼事之覺也，則請託吏高其估，以待覺逭罪。長令署紙尾申達，府若省漫不省以爲常。至正五年，市中金賈兩以鈔計才五錠有奇，至增以爲十。適中原飢，議者請以金折收鈔，爲救荒計。歙縣丞葉君以他事在省，知折收與金賈爭縣狀，曰：「是豈可重困吾民乎？」亟以牘聞府。會郡守合剌公、别駕王公皆賢而愛民，驚問故，求賈於市，卒改從實估，民以不害。雖二公之善政，實葉君有以致之，其用心賢矣哉！

予往留京師，見兩都和買法，凡民間直一錢物，中入縣官，即可得兩三錢，物競至而官不彊取，是以民富而國用足。江南州縣去京師遠，不知朝廷德意，惟恐虧之官，故常疲民以奉上，民困而官不卹，此豈法之罪哉！古之善爲國者，必先富民。民者，國之本也。國用乏而裒民財以足之，猶割四肢之肉充口腹之食，其能久乎？葉君嘗仕中朝，知國家大體，故能推吾君所以愛民者而愛吾民，真今之良吏也。使天下皆葉君，民其有困苦者乎？士友既爲歌詩頌之，復徵予序。

送葛子熙之武昌學録序

臨川葛君子熙將之武昌録學事，挾太史危君太樸之書過予黄山之下，留連累日，將别，徵言以爲贈。予語之曰：予家新安，朱子之鄉也。子家臨川，陸子之鄉也。請各誦其所聞，可乎？方二先生相望而起也，以倡明道學爲己任。陸氏之稱朱氏曰江東之學，朱氏之稱陸氏曰江西之學。兩家學者，各尊所聞，各行所知，今二百餘年，卒未能有同之者。以予觀之，陸子之質高明，故好簡易；朱子之質篤實，故好邃密。蓋各因其質之所近而爲學，故所入之塗有不同爾。及其至也，三綱五常、仁義道德，豈有不同者哉？况同是堯、舜，同非桀、紂，同尊周、孔，同排釋、老，同以天理爲公，同以人欲爲私，大本達道無有不同者乎？後之學者，不求其所以同，惟求其所以異。江東之指江西則曰「此怪誕之行也」，江西之指江東則曰「此支離之説也」，而其異益甚矣。此豈善學聖賢者哉？朱子之説，教人爲學之常也；陸子之説，高才獨得之妙也。二家之學，亦各不能無弊焉。陸氏之學，其流弊也，如釋子之談空説妙，至於鹵莽滅裂而不能盡夫致知之功；朱氏之學，其流弊也，如俗儒之尋行數墨，至於頹惰委靡而無以收其力行之效。然豈二先生立言垂教之罪哉？蓋後之學者之流弊云爾。嗚呼！孟子殁千四百年而後周子生焉，周子之學，親傳之於二程夫子，無不同也。及二先生出，而後道學之傳始有不同者焉。周、程之同，以《太極圖》也；朱、陸之異，亦以《太極圖》也。一圖異同之間，二先生之學從可知矣。子之教於武昌也，其爲朱氏之説乎？抑爲陸氏之説乎？幸誦其所聞以教我。

心田道院設醮詩序

國朝之制，士大夫官至七品，皆得推恩其親，爵秩視其子。至正七年五月，新安鮑同仁以年勞升七品，受從仕郎、邵武路泰寧縣尹以歸。明年，之官泰寧，以狀請于朝，如故事。九年十一月，命下，同仁父景文先生周封從仕郎、徽州路黟縣尹，母、妻皆宜人。命下之日，先生適年八十，自思朝廷寵以爵秩，造物賦之壽考，無以報效。先是，先生預卜葬所於城南之葉有，築宫其旁，居道流以守之。正一教主天師大真人爲題曰「心田道院」。十一年二月，即其中設醮三日，既以答天貺，又以報國恩。闡事之際，雲鐓鉦鼓，聲震林谷，步虚散花，韻繞雲漢。先生盛服，入就厥位，俯伏在地，誠敬恐悚，真若上帝之臨乎前也。九朝既畢，四鼓方鳴，天地開豁，星辰明概，乃行三祭酒之禮。醮事告周，壇壝斯徹。神人喜歡，形于歌詠。道士黄師玄首賦唐律一首，以道其事。子姓宗族，朋友交游，更唱迭和，積成巨帙。鄉里傳誦，以爲美談。師玄一日携以見過，求余序其首。此詩人天保之意而虎拜稽首之事，蓋余之喜聞而樂道者。况玉於先生爲通家子弟，執筆書之，其又何辭！

師山先生文集卷之四

記

淳安縣學修杏壇記

至治元年十二月，淳安縣尹李侯修杏壇成，教諭王君克明相屬以記。玉謂《春秋》之法，聖人示人之意微矣。凡工役之興，巨細畢書，所以重民力也。獨於僖公修泮宫，略而不書，所以見其必當修也，不費一辭而褒美已著。如此，則李侯杏壇之舉可以不書。雖然，世衰俗薄，教化日下，所當作者，人反視爲迂闊，其不書者，人必以爲不足書。聖人之大經大法，至是有不得不變者矣，則書之亦可也。乃爲之記曰：

壇在縣學戟門外之西，其崇一丈一尺，廣稱是，深加五尺有奇。壘石爲固，前植以杏，後覆以屋，此舊制也。李侯因其弊而新之，視舊無所加損。以工計若干，以緡計若干。民不知役，吏不告勞，再越月而竣事。侯名思明，字元亮，世家睢水人。其爲是縣，外柔而内剛，視民如子，信施於人而人信之，宜其爲是爲不難也。

小金山記

予年十七八時，東游京口，登多景樓，望金山在揚子江心，屹然爲中流砥柱。念欲一躋其顛，酌中濡泉，以適平生樂事，竟坐他事不果，去今蓋七八年。及得小金山之名，而有觸焉者。

新安江自率山發源，東流三百里爲淳安縣，未至縣之十里，江心倚南少西，兹山在焉。東北江面百餘丈，西南僅僅一澗，環之如帶。大旱或可揭，四時非舟楫不能渡。古樹蕭然，出煙蒼水黄間。石色崚嶒，苔蘚如繡。上有佛寺，舊極壯麗，歲久寖就頽圮，僧徒星散，今無有存者，唯敗屋數椽，而兹山之景無改也。濟岸而南，攀援至山腰，爲石洞者三，穹然如厦屋，大可二三十人坐，中半之，小十數人餘。又有一巖，嵚嵌特甚，如浮圖氏所塑觀音像，坐石東望。西洲溪分兩派，居民廬舍，櫛比鱗轃，黄花翠竹，果木桑麻之屬，蓊鬱葱蒨，無所不有。傍一石，出灘瀨中，如龜形，遡流而上，號龜石灘。西去錦沙村纔一二里，燕石巖相對峙，若樓閣飛簷出臨水上。蓋一縣山川之勝，聚焉于此，百里間無與之敵者。

嗟夫！山之爲物，一拳石之多也，其小大固不足論。至於景物之多寡，勝概之優劣，亦有不得不論者。兹山所少，中濡一泉爾。至於巖洞之幽，錦沙燕石之勝，西洲龜石之奇，金山所無有也。試約兩山之靈，相與可否，將伯仲之而忘其大小矣。予居西一舍近，有山出水中，曰「岑山」者，氣象大與兹山比，嘗欲以是名之而未果也。今乃爲其先焉，予將歸而題之曰「小焦山」云。

燕樂堂記

大倫惟五，朋友居其一焉。故雖父子之親而無責善之道，君臣之義而有際會之難。矧兄弟怡怡，家人嗃嗃，違之則悖天性，佛之則忤人情。其自始至終，自少至老，長吾之志，成吾之才，輔吾之仁者，惟朋友是賴。人生蓋有不敢告其父母而以語其朋友者，亦有父母所不容言而朋友言之者。是朋友之倫雖非天屬，而於人之情則至近且密也，其可一日而忘耶？

劍溪徐成大，距家東五百步並溪之上，爲屋三間四楹，後翼爲軒兩楹，俾朋友之來過者館焉。日因吾友人洪君探微徵名并記，余取詩人之意，名以「燕樂」，成大不以爲非是。則告之曰：「燕樂，朋友之情也，而有義存焉。朋友，以義合者也。求朋友之情於吾名，又求朋友之義於吾記，可也。不然，燕樂之極，必生乖離，非惟負余命名之意，抑亦有悖天倫之懿德。」乃書而授之。劍溪在淳安縣西南，由縣西雙桂源入此，凡四十五里。

覆船山雲心庵記

歙南有山特起，介乎徽、杭、建德之交，曰覆船山者，爲一方祈禱之處，神龍之所宅也。山高數千仞，其來自黄山，聯屬斷續，起伏頓挫，奇形怪狀，千百萬變，以至于此。磅礴欝積，分肢析派，而爲浙右諸山。其南出則爲建德之金紫峯，以及雲源諸山。東西兩百照，其支阜融結，而爲淳安縣。其北復爲白石巖、龍塘山，至杭之於潛、臨安，矗起而爲東西兩天目，龍飛鳳舞，始盡發其靈秀，蓋名山云。山顛有龍池，泉出其中，裂山而下，石門九鎖，對峙如峽。至山之腰，傾爲瀑布，與石相觸，澎湃激射，如噴噀狀。石後有潭，莫測其底，亦龍之別宮也。每天欲雨時，雲出其上，如戴帽笠。居人率以此占陰晴之候，無不驗者。旱則禱之，或得蜥蜴蜿蜒，雨即隨至。僧覺聖白傍近大家洪氏，得錢爲倡，募衆力結菴其下，爲祈禱蕆事之地。余以「雲心」名之，復請爲記。

夫深山大澤，必有龍蛇，天降時雨，山川出雲。是山龍蛇所藏，能出雲爲風雨，法應得祀。聖苦行修持，戒律頗嚴，衣不敵寒，食常怯於饑，而勇猛精進，無退轉心如是，是可嘉已。舊有比丘尼居山中，事龍甚謹，扣多應，因并祀之。蓋亦尸而祝之之意，宜牽聯得書。菴之始，泰定元年九月某日，其成，明年某月某日。求余記者，洪氏之子斌。比丘尼，俗姓汪，山下民家子也。

木齋記

廬山之下，九江之上，有隱君子方君子玉，築室以教其子積，而名曰「木齋」。齋在居西若干步，爲屋三間四楹，間十有二尺，縱横相稱。虚其中以待賓客。闢左右兩室，設几卓，陳枕榻，置琴書、壺矢、棊局、筆硯、瓶爐、圖畫，與凡茶酒之具，日用之器。率其子弟，或弦或誦，或投壺圍棊以爲戲，或焚香插花以爲樂，或留情翰墨，或寓意圖史。渴則烹茶酌酒，倦則休息于床。賓客過從方君坐談，子弟侍立，應對酬酢，無不適意。屋上複閣，倣古人尊閣之義，列庋先世遺書，而軒其四達，以待登臨眺望。開西窗而拄笏，則五老諸峯、開先瀑布，煙雲掩映，如在几席之上。俯東檻而寓目，則長江萬里，波濤洶湧，以入于海，而莫窮其極。閣後爲臺，而露其上，爲春夏曝書之所。屋後爲亭，扁以「聽竹」，爲晨夕遊息之地。古木修篁，繁陰數畝。此木齋之大概也。

予不識方君，識積於京師。積語如此，屬予以記。夫陶縣令之高風，李山人之逸趣，千載之下，必有聞而興起者，方君豈其人耶？何時擔囊負笈，買扁舟，過彭蠡，泛大江，抵康廬之麓，摳衣升堂，拜方君床下，與積登臨嘯詠，徜徉眺望，吊古人之陳迹，爲當日之勝遊，以窮木齋之景，是則予之願也。積歸，趨而過庭，其以予言而請。積字叔高，力行彊學，醞藉而文，爲中朝諸老所愛。

石跡山建橋記

石跡山，爲祁門最勝處。邑人胡君俊夫始建玄武之祠於山之顛。王君儒翁，廼於半山之間跨澗作橋，仰視飛瀑，俯瞰龍湫，山川軒豁，景物呈露，又爲石跡最勝處。予嘗與王君之子存善遊而樂之，時未有橋也。今橋成，而景益奇矣，予故喜爲記之。橋之建，以至順三年十二月庚申。記之作，以明年六月某日。予爲郡人鄭玉，書者胡默，篆者錢塘吳叡。

肯肯堂記

南里洪君味卿，隱居求志，政施於家，上奉慈親，下撫諸弟，閨門肅穆，族黨以和，吾鄉之稱家法者歸焉。

年逾四十，即爲老計，闢地一區，高下相稱，袤廣十畝，謂其子斌曰：「吾將於斯鑿池沼，築亭榭，栽花蒔竹，藝蔬植果，以逸吾老而終天年。吾無意於斯世矣，汝其勉之！」未卒事而味卿即世。斌曰：「此吾父之志，斌之責也，其可不思所以繼之乎？」於是因其舊地，圍以崇墉，鑿池築亭，栽蒔藝植，如味卿語。而奉味卿之柩，別爲一室，殯置其中，以竢吉卜。謂其友鄭玉曰：「斌託交於公最早，公之知斌最深，曷爲名斯，以昭吾父子之志，實大惠也。」玉曰：「嗚呼！天地，一萬物也，萬物，一我也，而況父子之親乎？參贊化育，垂世立教，皆吾分内事也，而況家庭之近乎？世有厥父播，厥子不肯穫，厥父作室，厥子不肯構者，彼獨何心哉？是蓋私於一己而不能以父母之心爲心者也。若吾子者，豈唯肯構，且肯堂矣。其以『肯肯』名之。」節夫再拜謝曰：「斌之事，雖未能如公言；斌之志，敢不爲公勉！」玉曰：「未也，吾言未矣。昔者子之先君子高尚不仕，故能寄興泉石，留意池館。雖其經營布置弗底于成，而子能成之，以有肯肯之名。而玉之先君子嘗仕于時，學不盡試，才不大用，沉没下官，卒無所偶，斯爲罔極之痛。玉也樗櫟之材，於世無補，將貽先君子之辱，朝夕是懼，豈不大有愧於子之肯肯者乎？然則子之先君子，所以潛德弗耀，厚積薄發者，政所以爲子之地。玉之先君子大才小用，不盡所藴者，又豈無待於玉乎？雖然，古之學者，憂道而不憂貧，正誼而不謀利。苟其心俯仰無所愧怍，達則推以及人，窮則獨善於己，所謂天地萬物皆吾一體，以之參贊化育可也，以之垂世立教可也，豈但不辱其親乎？是則二父之志，而玉與子之所當勉者，又何必區區一園圃亭榭之間也。」節夫再拜曰：「公言至矣，請書以爲記。」

雲濤軒記

吴孟思作雲濤軒於無何之鄉烏有之所，使夷堅子志之。夷堅子曰：「予嘗遊天目山，宿獅子寺，明日微雨乍霽，曉日初升，烟霧四塞，雲氣在下。有僧進曰：『山中雲海，率三數年不一見。子有前緣，山靈效順，真若天垂地湧，鬼擢神揮。子盍起而觀之？』予於是坐玉立亭上，憑檻俯視，但見煙雲起伏，如波如瀾，上下天光，一色萬里，無有涯涘。或遠峯高矗，聳出雲外，又如蓬萊三神山，縹紗水中，舟不可近。日從東上，半在雲端，則又如出於扶桑滄海之墟，而不知其已在萬山之上也。須臾，煙收雲斂，天氣清明，乃無有一物。又嘗觀潮錢塘，見海門初白，渺渺一髮，油然若雲興於遠岫之間。已而掀天拍岸，漲海翻江，聲震乾坤，勢吞吴越，壯觀爲天下第一。此所謂雲濤者也。子居闤闠之衝，正當車馬之會，室如斗大，牖似甕懸，而所謂雲濤者安在也？」孟思笑曰：「吾眼空四海，胸吞雲夢，以天地爲籧篨，古今爲瞬息。凡宇宙間煙雲變化，風濤出没，皆吾軒中物也，又豈拘拘一室之間者乎？何當與子挾飛仙，乘怒翼，超軼乎埃壒之外，周旋於太虚之中，仰觀六合，俯視八荒，則天下一雲濤耳。何子言之陋也！」夷堅子於是憮然不知所云。新安鄭玉聞而壯之，遂次第其語而爲之記。

鄭彦昭讀書巢記

同姓名潛字彦昭者，居長齡里，與予家不同譜，而以叔父事予。性敏悟，志堅篤，才幹優餘，識見明遠，吾鄉子弟之千里駒也。始予未見潛，嘗有後生無可與語之歎，及得潛，而予恨釋然矣。潛父隨宦東西，未嘗家居。母夫人專意教子。潛慷慨有大志，多與四方豪傑交，賓客過從，席無虚日。母夫人出釵珥、鬻所愛物供之，無厭倦意。以故潛得安心於學，至于有成。嘗於所居之西築樓一間，廣不盈丈，高二十尺，請予名之。予曰：「子之作是樓也，將以爲讀書之所，而狀若巢然，予名以『讀書巢』，何如？」潛拜曰：「叔父之言，蓋有在矣。夫鳥息於巢，故舉而有飛翔之樂；人居於學，故出而有行道之功。叔父之望潛者深矣，豈但以其類巢而名之乎！」予笑曰：「噫！子啓予矣。予何言焉？子其書之，以爲讀書巢記。」

静虚齋記

乾明觀故有静虚齋，兵火後屋燬，齋亦不存。元統二年，道士吴君定夫築山房以爲修煉之所，廼書舊顔揭之，屬予以記。或者曰：「此老子歸根之論也，子盍爲演其義而記之？」予謂定夫名家子，世讀聖人之書，今雖寄迹老子法中，其心必有樂乎吾儒存養省察之功、脩己治人之學，故造吾而請爾。吾又爲老子之説以告之，豈定夫之心乎？故舉所聞於父師者而告之曰：「此周子學聖法也，明通公溥之謂乎？聖人之所以異於人者，以其無欲也。無欲，則静虚而動直矣。静虚，故明而通；動直，故公而溥。此聖人之所以合天德，而學者之所當學也。」雖然，或者疑之：「定夫之名齋，静則虚矣，其如動何？」夫静者，體也；動者，用也。豈有有其體而無其用者乎？在學者推而行之耳。若夫能静而不能動，有其體而無其用者，非吾聖人之所謂道，又何必告以聖人之學乎？定夫莞爾而笑，凝然而定，若不聞者。予蓋知其深有契於是説而難於言也，故書以爲記。

重脩忠烈陵廟記

復至元之二年冬，❶府判燕山馬侯佐治新安，官府脩明，僚采恊和。政有所未孚，事有所不便，侯輒白府罷行之。士脩其教，農安其業，差徭不擾，租賦以時，六邑晏然，官以無事。廼延見父老，詢民水旱疾疫所以致禱祀者。衆謂忠烈王自唐至今，以功勞血食，禱應如響。侯識不忘。明年春，霪雨害麥，民且憂饑年。侯白僚長，率厥官屬詣祠下，齋戒以請。翌日，天體霽然，麥遂倍收。王有陵廟，在郡北七里雲郎山中，侯往謁謝，則左傾右頹，風雨弗庇。侯喟然歎曰：「吾徒以善惡賞罰之權而教於陽，王以雨暘禍福之秉而相於陰，實一郡生靈休戚之所關繫。陵廟廢壞弗葺，吾守土者之責也。」首捐己俸以倡。凡厥在位，各以品秩出金有差。命歙縣主簿韓君世傑董其事。逾月告畢，内外一新。士民乞靈，莫不起敬。韓君過予，請文刻之石。

予惟隋之亡也，海宇如湯，歙、宣、睦、杭、婺、饒六州之民獨不識兵。當其大亂之時，如處太平之世者，皆王之力也。宜其血食千載，報祀無窮。按歙縣有古丘墓凡三。晉新安太守程元譚墓，在予所居貞白里中，今唯雙石人可識，然沉淪土中殆盡矣。陳儀同程靈洗墓，在郡西南曰黄墩，相傳即墓爲壇，因壇爲廟，今

---

❶「復」，四庫本作「後」。

亦不知其墓之所在。獨王以豐功鉅烈，生有濟時及物之恩，死能相其雨暘水旱之宜，故自唐至今六七百年，前廟後陵，巍巍不廢，功德茂矣。漢以秦隱王有誅秦之功，置守冢者三十家，禁其樵採。吴越錢氏當五代之亂，保有兩淛，後世亦爲立寺觀，以守其墳墓。此皆古今令典所恃以爲勸戒者。馬侯以聰明才幹，歷仕中朝，故其出佐外郡，知重民事，能及於是，是可書也。

贊是役者，前推官廬陵歐陽侯齊賢、知事東平王士鈞。馬侯名楨，字榦臣。其祖璘，嘗爲參政江淮省。父澤，廣平路總管。蓋世家云。四年二月庚午記。

耕讀堂記

鮑生深築室於所居之前，爲委積之所，暇則弦歌其中，名以「耕讀」，請記於予。予未有以記也。客有疑鮑生者，問於予曰：「耕田，農夫野人之事。讀書，士君子之所以爲學也。鮑君欲比而同之，不亦難乎？」予曰：「噫！子之言謬矣。夫古之時，一夫受田百畝，無不耕之士。家有塾，黨有庠，術有序，無不學之人。秦廢井田，開阡陌，焚《詩》、《書》，坑學士，先王之道滅矣。漢興，雖致隆平之治，卒不能以復淳古之風，而士農分矣。於是從事於學者，則不知稼穡之艱難；從事於農者，則不知禮義之所從出。後世有能晝耕夜讀以盡人道之常者，人至以爲異而稱之，其去古道益遠矣。鮑生從予游，粗知好古人之道，故能耕田以養其親，讀書以脩其身。使比屋之人皆如鮑生，皆盡耕田之力，皆有讀書之功，則人情自厚，風俗自淳，雖復三代之制，不難矣。子何疑焉？」鮑生進曰：「先生斯言，非記乎？請書而刻之屋壁。」

脩復任公祠記

新安郡城之北四十里，有寺曰任公寺者，梁太守任公彦昇之祠在焉。祠廢已久，獨羅尚書汝楫所爲碑文具存。予因暇日，與二三友生過之，乃圖興復。鮑元康仲安、元康從子深伯原、觀以仁、洪斌節夫各願出錢供費。又得里人許紹德子華身任其事，四明張久可可久監税松源，力贊其成。縣令張侯聞之，爲之丁寧勉勵，使無違吾志。於是謀於寺僧曰思睦、曰誠真，皆樂聞其請。始克奉公法堂之右，復其舊貫焉。既已，事聞于郡，郡檄張侯有事祠下。父老來觀，喜而鼓舞，咸謂宜有辭刻石，以詔來世，而屬筆於予。

吾郡晉武帝太康元年以新安爲名，至今至正八年，一千六十九年。其太守見於郡志者，二百五十一人。賢而見祠於其民，祀而不廢於其後者，惟公一人而已。且祭祀之法，載在禮典。世次更易，遷祧有時。雖富貴之極亦有限制，則人之見祀於其子孫者，有時而盡。豈若公以善政被及其民，没而見祀，千載不廢。於此雖足以見公恩德之在民者深，亦可以見吾新安之民所以報事其上者無所不至，而風俗爲厚矣。若夫公德行文學，與爲政之詳，具在本傳與前碑所録，此不再書。姑記其祠之興復，使後之人嗣而葺之，不敢廢墜云耳。張侯名灝，字君用，濟寧人。

三樂堂記

余以才踈學陋，無所用於世也，退而躬耕壠畝，將以自養。間有朋游相從講學，乃築室師山之上，以爲肄習之所，使英才得以致其道焉。因取孟子之語，名其堂曰「三樂」。夫父母俱存、兄弟無故者由於天，仰不愧、俯不怍者在於己，❶樂得英才而教育之者係於人。今余也由於天者既不可必得，在於己者又不能以自盡，終將有望於人而已，則其愧怍有益甚焉，而亦何以爲樂也？雖然，學於是堂者及時盡力，加以百千之功，視余之悠悠歲月不能盡其在己者，至於老而自悔，乃有所望於人也，以爲戒也，而益勉焉，是亦師資之道，而固余之所望於後學也。

小母堨記

里人以草木投溪澗中，壓以沙土，絶流爲堰，鑿渠引水以灌田，謂之堨。小母堨者，在余居之西二里。其源發於靈山，自源至堨才十里，朝盈而暮涸者也。歲農家待雨霽備草木，及舉事，其流已竭矣，蓋未嘗霑其灌溉之利也。

後至元某年冬，從子紹謀易以石梁，圖爲永久。徵工於農，怨聲四作。人或難之，紹不爲止。乃伐巨松，列置水中，縱横其上。布石爲底，卷石爲篷，取碎石雜置篷下，以實其中。擣石之灰，苴其罅漏。梁成，横接兩岸，其平如砥。然後立木爲柱，布板爲閘。山水暴漲，則啓閘以洩其怒；溪流既平，則閉閘以障其溢。農免脩築之勞，田享灌溉之利。人始歌之，至有欲祀之者。紹又割田三畝，令收其租入以供春秋祀事

❶「怍」，原作「忤」，今據至正本、四庫本改。

及凡堨之歲費，積其餘以待脩葺。於是堨之事始備，可以傳之永久矣。堨之音褐，吴楚之方言耳。按韻書，堨有揭、竭、遏三音，而不音褐，皆云堰也。柳子厚《袁家渴記》雖云音褐，而所用乃渴字。吾郡舊俗相傳，用韻書堨字，而音如柳子厚記。今姑從俗，庶便觀覽云。

邵武路泰寧縣重建三皇廟記

泰寧縣三皇廟，始建於縣治之西。當時草創應令，地卑屋陋，不稱尊崇明祀之意。至正二年，前令王君成吉因廢佛菴，遷之縣溪之南二里，且收菴田之入以供祀事。然規模位置，率多因菴之舊，不能如式。又溪水阻隔，往來跋涉，官民咸不以爲便。八年，今令鮑君始至，因官民之所欲，又遷之縣治之南罏峯之下。正殿三間，翼以重簷，榱桷四出。前爲門屋五間，揭以「開天之門」。又其前爲櫺星門者三。東西各一廡，廡各四楹。地位高爽，規模宏壯。既免跋涉之勞，而尊崇之意亦稱矣。走書屬予記之。

予聞諸夫子，庖犧氏始作八卦，以通神明之德，以類萬物之情。神農氏斲木爲耜，楺木爲耒，以教天下。黄帝垂衣裳而天下治之。三聖人者，開天立極，創物作則，垂之萬世。生人之類，得以相收相養，以至于今，皆其力也。凡有生于天地之間，戴髮含齒而爲人者，所宜報祀無窮，况於有土有民，法三皇之道而爲治者乎！自隋以前，此禮未舉，固爲闕典。唐天寶中，制始立三皇廟於京師，有司致祭，郡縣猶未有廟也。我國家龍興朔土，治尚簡略，淳朴之俗，隣於古初，乃始致意三皇之祀。於是郡縣皆得立廟，歲三月三日、九月九日，太守縣令各以其服行事惟謹，報本始也。鮑君此舉，可謂知所本矣。

予與鮑君同里閈，嘗相共講學，知其存於中者爲有素，未知其施於政者爲何如也。近予從兄璿歸自閩中，聞泰寧人誦其令尹之賢，謂雖風紀之司不是過也，然後益信鮑君之與予講於家者爲不誣矣。故樂爲誦其所聞，使刻之麗牲之石。鮑君名同仁，字國良，新安歙人也。予其里人鄭玉。

富登釣臺記

歙南山水最勝，淛江出焉。由浙源百餘里至縣境，曰富登渡。一石巍然出江上，勢欲飛入江中。予過妹壻吴虎臣，數往來其處。每一登臨，或坐或釣，輒徘徊不能去，人因名「鄭公釣臺石」。淮閫余公廷心篆隸妙天下，聞予之有是石也，大書「鄭公釣臺」四字以爲寄。至正十有六年秋八月，予以被召辭還，留虎臣所，始取余公所書刻之臺前，而記其所以得名之故，鐫諸後石。里人鮑葉爲予結草堂其側。虎臣字道威，葉字君茂。是月辛未記。

師山先生文集卷之五

記

績溪縣三皇廟記

國朝之制，通天下得祀者，惟三皇、社稷、孔子而已。蓋治始於三皇，學極於孔子，農之功著於后稷，祀之所以崇德報功，不忘其本也。績溪縣故有孔子廟、社稷壇壝，歲時有司行事如彝禮，三皇廟獨未置。前此縣大夫不知其闕典也，部使者數以爲言。至元元年，今達魯花赤某言於衆曰：「縣地方百里，比古公侯之國。三皇廟不建，爲之上者不知爲治之本，爲之民者不聞古昔之盛，固吾縣大夫之責，亦爾民之羞也。」衆曰：「然。」乃卜日相攸，得地於縣治之某所。鳩工度材，經始於某年某月某日。殿堂門廡，如他縣之制而雄壯有加焉。既成，以九月九日行釋奠禮。文武官屬，咸與薦祼。父老聚觀，咨嗟嘆息，相與語曰：「使我輩得聞古昔之盛，典禮之大，縣大夫之力也。其可無所紀乎？」礱石請書其事。

某惟伏羲、神農、黄帝，開天立極，創物作則，垂之萬世。天地有不能爲其所爲者，而況於人乎！況於後之聖人乎！故雖堯、舜、禹、湯、文、武之盛，亦不過因三皇之治，隨時而損益之，非有加於三皇也。其見祀於天下，享報於無窮，宜哉！ 朝廷之令典，縣大夫之盛心，與父老之言，皆可書也，故不讓而爲之記。

養晦山房記

木之能生於春，以其當天地閉塞、萬物藏蟄之時，乃能收華反實，聚其秀而納之根；及其天地變化，雷雨奮作，然後芽萌甲拆，生意衝突而不可遏。 人之爲人，亦猶是耳。 幼而學焉，壯而行焉。 蓋幼而不學，則無以窮天下之理而致其知，及其壯也，不究之用，則亦何以爲學哉？ 未有用而不本之學，學而不究於用者。當其學時，若無所爲於世而人以爲晦，及其用也，則人以其有補於世而謂之顯。《易》以龍蛇之蟄譬之，精義入神，於言學切矣。 伊尹之耕於莘，太公之釣於渭，卒輔湯、武之聖君，成商、周之大業，此始晦而終顯者也。孔子、孟子以大聖大賢而不見用於當日，然道隆天地，澤被古今，此晦於一時而顯於萬世者也。 夫顯晦雖有窮達之不同，而於聖賢者無與也。 此予晦之所以致養，而山房之所以得名歟？

予少時嗜讀書，號能記誦。 稍長，涉獵世故，出入憂患中，益驚恐其心，勞其體，馴致健忘，藥石不能愈。思所以完神復志，因遊黄山，從祥符主僧借隙宇，加鬬治，兀坐其間，盡取天下之書而讀之，以求聖賢之所謂道，潛心而勉學焉，庶幾董仲舒之不窺園，陳烈之閉户者。 昔紫陽夫子之冠也，屏山劉先生祝之曰：「木晦於根，春容曄敷；人晦於身，神明内腴。」夫子能用其言，以繼往聖千載不傳之學，而爲百代宗師。 嗚呼！夫子往矣，予其徒歟？

尊己堂後記

汪氏望於新安，自隋唐至今，代有聞人。七八百年，衣冠之傳，《詩》、《書》之澤，不墜益振。城南隅汪氏，在宋淳熙間鄉先生曰伯舉，與其弟伯虞、伯言築堂以居，讀書其間。兄弟自爲師友，樂夫天命之貴，不假外物爲榮。故尚書金忠肅公名以「尊己」，邕州吴文肅公爲之記。朱文公嘗書「尊己堂」三大字，揭之楣間，炳如也。當時名勝，如鄂州羅公，皆有篇什，傳誦天下，膾炙人口。堂災於景定元年庚申，繼而復之者，則其孫某也。元貞元年乙未，郡城不戒于火，堂復遘災。惟時綿蕝草創，卑漏湫隘，視舊弗稱。因循苟且者二十有一年，延祐二年乙卯，五世孫晞聖，字一清，始更而大之。高明爽塏，宏麗静深。簷桷翬飛，窗户敞達。烏聊前揖，披雲後擁。山若增而高，地若闢而廣。凡登斯堂者，心若有所感而通，目若有所豁而明，格物窮理若有所見而得，操觚命辭若有所助而成。一清則曰：「吾非敢廣室廬、侈游觀也，蓋以承先志、彰祖德耳。」屬其里人鄭玉使記之。

玉惟斯堂之建，命名題扁，作記賦詩，皆當世儒先生長者，玉得置名壁間，託以不朽，是固願也。然斯記之作，以吾文公而委重二公，謙讓不遑，則玉何人，而敢贊一辭焉！第以堂之重建不可以不記，姑記其重建而已。嗚呼！堂存則名存，名存則尊己之義存，而一清之先志爲不孤，四君子之言爲有考也。又烏俟夫記！

向杲寺重建彌陀殿記

向杲寺在新安郡城之西，寺後爲彌陀殿。歲九月之望，合四方善信作浄土會，號曰「西蓮社」，蓋一百六十年矣。歲月滋久，殿益傾圮。寺僧德新告於會之衆，得錢若干緡，以改造焉。既畢事，謁余請記。余惟先大父自宰鄉邑告老來歸，即主是會，先君子每待次家居，亦往與焉。余時以童子得奉几杖，侍立左右，見其蕆事之夕，旄倪咸至，序齒而坐，飲食之際，内外肅然。已乃結跏合掌，默誦朗宣，氣象雍容，有足觀者。此余之所喜聞而樂道也。殿起於寶慶三年丁亥，扁曰「極樂」，則里人羅永臣之所書也。泰定三年丙寅，德新乃建是議，先從父學正公諱某實始倡之，同時都會首某人等僉謀以同。衆力齊舉，會之善信、鄉之好施者咸有助焉。乃以九月庚申，撤其殿而新之。齊廳五間，則因其舊而加葺焉。

按佛書，阿彌陀國土在天竺十萬億國土之西，其民無有衆苦，故名極樂。新安爲郡，介大江之東，居萬山間，其境四塞，故無兵戈之擾，而隣里得以相保。依山爲田，素無滂溢，堰溪鑿渠，足以灌溉，故無水旱之苦，而老稚得以相守。地曠人稀，其氣清爽，故疫厲罕作，而生死得以相安。其人復以禮義自持，勤儉自處，故其風俗淳厚，家給人足，有非他處之所可及者，是即極樂國土矣，又何必天竺十萬億國土之西，而求所謂極樂國土者耶？且一百六十年間，星移物换，世異人殊，至元、德祐之交，鼎遷運改，而斯會未嘗廢輟，亦可見其土之爲極樂，而其民之無有衆苦矣。季秋之月，農事既隙，鄉黨隣里，父兄子弟，咸會于此。修設佛事之餘，因其長幼之序，語以孝悌忠信之道，則斯殿之建，豈唯足以資其冥福，而於皇極之福亦有助焉。此則余之望也，敢以爲記。

松月齋記

客有以「松月」名齋而謁記於余者。余曰：「松月之齋何如？」客曰：「吾居雲水之鄉，結廬城市之會，而有隙地焉。地有古松數本，樛屈偃蹇，蒼甲若龍，適當吾齋之前。月上東山，又在此松之外。良宵美景，吾坐齋上，推窻憑欄，輒見松月。吾是以名之。」余曰：「噫嘻！異哉，子之名齋也。今夫地有遠近，景有優劣，而月無不在焉。世有古今，人有賢否，而月無不照焉。是則古今之月一同，而遠近無以異也。自東坡以江上之清風配山間之明月，而後天下之以山月爲勝者有人也。至於月生松外，景若天成，則世未有知其妙者。堅貞夭矯，歲寒不易者，松也。清輝皎潔，容光必照者，月也。而月出滄海之上，松影窻牖之間，虚室生白，素壁如畫。此時此景，則與世間月色爲不同，而吾齋之所獨有也。此齋之所以得名與？而余未之前聞也。何時具扁舟，過太湖，訪子齋中，哦松弄月，收覽景物，爲子記之，未晚也。」客曰：「公言詎非記乎？吾請歸而書之齋壁。」客姓某氏，名某，毗陵人。

黄竹嶺巡檢司記

黄竹嶺在休寧縣之西百六十里。前至元間，江南新附，殷民未安，時多反側，乃設巡檢司，置官一人，行省版受，吏一人，兵三十人以守之。及天下既平，海宇寧謐，若無所事乎兵。黄竹在深山中，幽僻不可處，乃移治江潭。江潭去縣纔七十里，亦一墟市也。然無吏舍，僦民居以爲治，無常所。得盜賊，寄繫閭閻，情或漏泄。案牘棲藏無所，復多散逸。前承後繼，漫不之省。元統二年春，吾友程君以文以著書奎章閣借注是官，始命於朝。既至，慨然曰：「巡檢官雖卑，亦天子九品吏，涖事無所，非所以示觀瞻。」乃出錢爲倡，其隸於兵與民之好事者咸以錢助，爲若干緡，而莫宜其地。江潭舊有三官祠，地勢夷亢，山川回合，爲一方勝處。請於提控官，以緡錢貿得之。昇三官像置道士觀，以至元元年某月某日徙治其中。除舊布新，構塗甃甓，各盡其美。中爲涖事之堂，扁曰「不欲」。東西各爲一室，以待部使者與大府之客有事過吾境者而館焉。又以儀制之未備也，兩旁繚以脩牆，列樹竹木。其前因門爲樓，置鉦鼓其上，候測更點，以警民出入。其西別爲屋三間，使吏處其中。右厨左庫，案牘庋焉。

書抵京師，乞記於閣老豫章揭公。未至，以文滿且代，走書語予曰：「揭記不可得矣。子其爲我記之，使來者嗣而葺之，則子之賜也。」予念以文不卑其官，能勤其事，後之人或不能承其志也，强爲書其歲月著作之始。然觀以文此舉，豈禍福利害所能動其中者乎？斯亦可書也已。若夫求揭公之文而再刻之，則來者之任也。提控官，縣達魯花赤，名也先脱因，字仲禮，官承事郎。以文名文，婺源人。

聽雨舟後記

予既爲李文卿作《聽雨舟記》，又四年，始識文卿於京師。卿之言曰：「自吾少時，即有江湖之興，長而益篤，甚欲上龍門，訪七澤，效古人爲萬里之遊。而吾有母，朝夕以奉養爲事，安得舍吾所事以勤舟楫之勞乎？然而良晨佳夕，波濤上下，漁歌響答，江湖之樂，雖不能心賞而目識之，亦未嘗頃刻而去于懷也。此聽雨舟之所説，而子記之所以作也。今吾不幸至于大故，且除喪矣。方將駕一葉之舟，掛數尺之帆，得意於風煙之上，放情於滄海之間，遍尋名山大川，徜徉乎泉石之側，以遂平昔之志。然後歸卧此舟，以終餘生。此則吾情之所至切，而子記之所未及者。請書其逸語爲後記，如何？」予乃諾而記之。時元統二年正月二十有五日也。

黄石施水菴記

休寧縣東南三十五里，地曰黄石。是爲四通八達之衢，行旅之趨閩廣、渡淮浙者，踵相接也。齊祈寺僧某未祝髮時，在宋咸淳庚午，因里人王公竹窻父母墓兆餘地，卓菴三間。其女兄程四娘者，家饒於財，又能割其所有以成某志。夏秋設茗飲其中，以待行者，且買田園爲齋粥，計傳之永久。其徒某某某勤苦不懈，相繼興葺，又得王氏諸孫佐之，凡菴之百具始備。蓋七十年于此矣。寺僧某懼夫歲月之久，將泯没而無傳也，合其衆之辭，款門作禮，請書其事于石。昔者予以負薪之役，嘗有事于四方，見七閩兩浙佛者之徒，結屋道傍，設粥具茗，遇人輒合掌恭敬，捧盂而前，如子弟之事其父兄。及其去也，歡喜餞送，如主人之禮其賓客。濟人飢渴之苦，曾無德色於人。予賤且貧，財不足以及人，力不足以利物，心竊媿之。某之請也，故不忍辭。雖然，飢然後爲之食，渴然後爲之飲，視人之飢猶己飢之，視人之渴猶己渴之，本吾聖人事也。佛氏最後入中國，乃能得吾聖人遺意。於道路遼絶之處，天氣炎歊之時，爲糜以待餓者，爲飲以待暍者，使行旅無飢渴之患，雖吾聖人以己及人之心，亦不過推是心以往耳。記之又豈爲過乎！某，程氏子，邑之合陽人。寺在菴南五里栢山之下。其衆曰某某某某云。

王千里洪氏始祖墓記

王千里洪氏始祖府君之墓，在其所居里中葉村之上官道之傍。按譜，府君諱政，始自睦之遂安徙今居。今里中數百家，皆洪姓，蓋祖府君云。府君之墓，世次既遠，歷年滋多，蕭茅篠蕩，蒙翳其上，墓道塋域，蕪穢不治。重以埋葬侵陵，幾不可識。十七代孫斌，幼有至性，每過墓下，輒重感傷。至正六年十二月甲戌，始克伐石甃砌，列以堦級，聚土版築，繚以垣牆。立表其上，請記於予。

予惟人之於其祖宗，所以奉其祭祀，守其墳墓者，無所不用其至。苟或祭祀之不修，墳墓之不保，則亦何以子孫爲哉！且人有一金之藏，猶必謹而識之，恐忘其處，况祖宗體魄之所存乎！其於四尺之封，表而異之，當何如也？又恒見中原士大夫家遭遼、金之亂，高、曾之墓已有不可考者，而况十七世之遠乎？我輩幸生江南，承平日久，祖宗墳墓無所遺逸，子孫世守，雖百世可也，而况十七世之近乎？然則知其所在而不知所以守之，其罪將有所歸矣。若斌者，豈惟舉一家之廢墜，實流俗之軌範也。予故樂爲書之，使世之爲人子孫者，知所勸戒而益勉焉。斯記也，豈特爲洪氏設哉！斌字節夫。予爲邑人鄭某。書者婺源程文。

鳳亭里汪氏墓亭記

婺源汪匯謂予曰：「匯之先，自二十世祖徙居鳳亭里。十三世而生念四府君，至匯又八世矣。府君之配曰程氏。墓在里中鳳嶺，環嶺左右，皆其子孫之居。以其墓之近於家也，昔者歲正之朝，族人子弟會拜族長之家，然後以鼓樂前導，省謁墓下，還宴於家。明日，以次謁先世諸墓，遍而後止。故墳墓無所遺失。近年以來，省墓之禮既廢，墳墓之失隨之矣。鳳嶺之墓，或創爲宮室，或開爲道路，或犯以犂鋤，五患幾於備矣。侵陵之禍，至有不忍言者。匯之父子方謀於家，圖爲興復。族兄梓聞之曰：『是亦吾之志也。』乃合辭以告於族之長。族長首助以錢，力贊其事，然後遍告族之人。聞者以喜，侵者以愧。於是宮室以徹，道路以塞，犂鋤不敢犯，而侵疆盡復矣。又懼久而復有斯禍也，圍以垣墉，周五十丈，負土封之，累石砌之。創屋四楹，以爲拜掃之所。族人讓德又建重門焉。先生幸賜之言，使刻墓上，俾吾萬世子孫嗣而葺之，❶無或廢墜。豈惟宗祊之幸，實風教之幸也。」

予聞葬者必誠必信之道，古之人封之若堂、若坊、若廈屋、若斧者，所以表而識之，欲其既堅且固，久而不忘也。坊墓之崩，聖人爲之泫然流涕，况於侵陵驚犯乎？然非有拜掃之禮，世次既遠，不至於遺忘者幾希矣。故墓祭非古也，自近世以來莫之能廢也。然則汪氏之事，其亦可書也矣。予又聞，往年汪氏先墓有

❶「世」，原脱，今據四庫本補。

爲盗所發者，匯之祖天祐傾家以討賊。又爲人所侵敚者，梓之高祖友義竭力以陳辭。予故牽連書之，以見匯、梓此舉，其淵源有自。况善善原其世，亦古之道乎？匯之父名明初。其族長名元偉，於匯爲族曾祖云。

重修横山路記

歙東南境接杭之昌化，自昱嶺關至郡城，百里而遠，出入山谷間，無跬步夷曠者。其間自小坑口至溪子里，舊路由溪下，崎嶇坑澗中，厲揭二三十度，行者以爲病。其險絶處，高則架木爲棧，低則疊石爲塘，修葺無時，官民勞費至不可勝計。會宋岳武穆王飛提兵過郡境，至則溪水大漲，軍不可前。王命大衆伐山開道，由三嶺出，遂爲康莊，且省其程三之一焉。出其途者，咸歌舞之。蓋二百年於此矣。獨葉村之下，地曰横山，上倚懸崖，下臨深溪，號最險處。國朝至元中，討平西坑寨之亂，里人洪君聲甫雜木石爲路，取平正以通軍馬。事出臨時，不能經久。梅潦侵齧，漸致崩腐。負者側足而步，乘者執轡而趨。聲甫之孫節夫與其弟仲德、季安謀，鳩工選良，伐山取堅。層累而上，如城如堵；鱗比而成，如砥如掌。於是戴星步月，不擇地而可履矣。又於其傍築亭，以休行者，而祀武穆王其中。予按武穆王以紹興元年提兵討楊么過此，故老相傳，軍過巖寺鎮，夜宿人門外，居民無有知者。黎明啓户，見爨迹宛然，方知王兵已過矣。其持己律人，有大過人者。蓋古之忠賢，天地因之以立極，人物賴之以有生者也。開路之役，乃其餘事，然功在吾州，比之秦渠、蜀堰，歷千萬世而不可忘，豈但見甘棠而思邵伯也哉！節夫舉此於二百年之後，使王之功績因之而益著，其視世之修橋路徼果報者爲不侔矣。予懼王此遺跡國史既所不書，又復逸於郡志，歲月滋久，將遂無聞，乃併書之，使節夫刻之道上。不才名氏，亦將託王以不朽也。

上清靈寶道院記

謝君叔畊過玉言曰：「本真不天，蚤歲孤。及長，羈旅江淮閩蜀間，險阻艱辛歷萬狀。久而後獲歸，以至於此，而無有子也。昔在大德五年，嘗走龍虎山中，致謁太素凝神廣道明德大真人，是爲嗣漢三十八代天師，乞披度爲道士，願以城南居宅爲道院，節朔讚誦，如宮觀禮，隸上清正一萬壽宮，本真將終焉。事下如請，俾禮凝和宏道玄妙法師劉公立中，甲乙相傳勿墜。十一年，道院成，屋凡百餘楹。太清殿居中，前則玉皇閣，左右奉群真，後重屋以處徒衆。儀制略備，賜『上清靈寶道院』爲額。乃割己田五十一畝，歲入租以稱計者六百三十有六以供吾徒，而積其六之一有奇爲繕葺備。復命吾兄之子曰安老爲吾後，以奉先人烝嘗。所存田以畝計者六十有七耳。願記諸。」

玉惟三代以上，天下無遺材，士君子皆爲有用之學。後世高見遠識之士，或不爲世用，輒相引去山林藏遯，而人遂指以爲仙。雖以子房之賢，及其晚年，且謂欲棄人間事，從赤松子遊，蓋始顯而終隱。漢初，天下未定，曹參得蓋公之一言而齊以大治，既隱者又爲世用。是其清凈合道，明哲保身，固非後人所可擬及。然其爲學，又豈必以捐絶世務而後爲高哉？今觀是舉，既不畔吾先王之法，又得以盡其師之教，是可書。謝君世居新安祁門縣，叔畊字，本真名。其先君子諱及篤，學有聲譽，與秋崖吏部方公爲同門友，嘗補太學生。叔畊今年七十一，童顔兒齒，行步如飛，蓋得於所養云。

龍興觀修造記

老子設教，清静無爲而已。秦、漢以來，乃有神仙解化飛昇之説。至於正一之宗，冠氅以爲飾，宫觀以爲居，行符水以救疾病，設齋醮以祀天。今唯其徒獨盛於天下者，以感應之機在人爲易動，禍福之語入人爲已深也。然求精修不懈，足以傳其師之教，而副世人之所祈請者，蓋亦未之見也。

不老山龍興觀，自昔高君景修，以法籙煉度爲四方所尊信，誅茅于此。逮奚君岳卿，得觀額而名之。鄉先達郢守羅公爲之記。遭宋末造，鼎遷物改，世異事殊。重以山高氣寒，風雨侵蝕，簷頹壁壓，支柱不仆而已。至今住持提點元素冲妙真一法師陳君崇正，乃始有意興復而加充拓。十數年間，心憔力悴，銖累寸積，克底于成。内外巨細，靡不完好。三清像、玉皇像、七星十一曜像、諸天神王像，瓊章寶藏，飾以金碧，光彩相射，照耀人目。添甍易棟，而加整飾，則三清殿、藏殿、東西兩廡也。其重建者，爲法堂，爲玉皇閣。其創建者，爲東華樓，爲屋十五間，凡若干楹。合修造之費，鈔以錠計若干，米以石計若干，畚鍤斧斤之役以日計若干。出於己者十之三，化於人者七。起皇慶元年壬子，訖天曆元年戊辰。又慮其久而將不繼也，裒田積穀，置籍以稽出入，立修造之局，使其徒世守勿壞。用心勤矣。師字真空，邑西人。頎然長身，目光如漆，誠意懇懇，專事禳禬。諸公貴人争相迎致之，用是有所樹立，蓋予所謂精修不懈者。因其謁記，略敘梗概，使刻之石。若夫山川之勝，沿革之故，羅公已著者，此不復書。

怪松記

新安在萬山間，植物最繁。屬縣皆宜杉，而歙獨宜松。山顛水際，青青不彫者，皆松也。然地奥氣和，松皆直榦叢葉，不異凡木，故雖繁而不爲人所稱道。郡城東出二十里，又折而北二里，鑿渠引溪水灌田，曰豐堨頭。土人即溪上爲壇以祀社，植松其傍，爲社木，不記年數矣。今存者五株。其西四株，皺膚裂甲，擁腫攣拳，樛枝踈葉，屈曲槎牙，與他松不類。或一枝夭矯，飛入雲漢，如虬龍上騰，雲霧四起。或一枝横出，低垂掠地，如飛鷹旋野，狐兔在目，利爪方張。或蟠結如車輪，或曲折如矩尺。遠視之，則青山矗矗，翠色照眼；近視之，張蓋當逵，横縱布頂，四緣飛舞。班荆而坐，恍若箕踞巖下，谽谺上聳，藤蔓聯絡；枕石而卧，則疑偃息高堂，飛桷華榱，蔽虧天日。其東一株，枝皆下垂，蓊欝葱蒨，又如卿雲騰空，飛鸞翔集。予嘗坐卧其下，不能捨去。頃遭亂離，庭户之外即如江海，不見此松四三年矣，往來夢寐神遊而賞識之。

至正十有四年立冬之日，與友人鮑以仁行視東莊，復過其處，相與游衍咏歌，如見故人，情不能割。語以仁曰：「此松以偃蹇不材爲世所棄，故得置身寂寞之濱，而免於斧斤之患，同於予之出處。且去吾家不一舍遠。所冀世道漸康，四方寧謐，賓客過從，或挽舟遡流，或肩輿就陸，時一過此，彈琴賦詩，酌酒釣魚，與此松結歲寒之盟，爲莫逆之友，以盡餘年之樂，實予之願也。」以仁作而言曰：「先生此舉，固斯松之幸矣。他日莊中稍有贏餘，當以其資築亭松下，門人弟子日奉几杖，來遊來歌，庶幾昔人風乎舞雩之興，又諸生之幸也。可無一語以紀其事，使之流傳以爲佳話乎？」乃誦其本末，使以仁書之。

師山先生文集卷之六

碑

皇元至正勸勵賢能之碑

至正八年三月丙寅，皇帝御興聖殿，速古兒赤臣朵兒只、雲都赤臣不顔帖木兒、殿中臣孛羅帖木兒、給事中臣買住、侍中書參政臣福壽、郎中臣帖理帖穆爾言：「徽州路達魯花赤臣哈剌不花，循良之政，恭謹之行，著聞于時。臣與丞相等議，宜賜綺帛一表裏，爲天下勸。」制曰：「可。」五月丁未，使者及郊，合郡文武官屬迎于東門之外。都鄙之民，巖穴之士，奔走來觀。填街塞巷，踴躍鼓舞，歡聲沸騰。於是城郭生輝，山川增重。既交相慶幸，以爲太平之治正在今日，身親見之，而文字無傳，頌聲不作，何以仰答聖天子嘉惠下民之心，與播揚我侯豈弟之政？

臣玉竊惟我國家起自朔土，立國以仁，郡縣置吏，專用不擾，以安集其民人。今上皇帝潛龍嶺海，歷試諸難，謳歌獄訟，天下歸之，然後入踐大寶，故知生民休戚繫於郡縣，乃重守令之選，嚴賞罰之科，考其殿最以爲黜陟。復慮内外隔絶，民情壅遏，久任於内者必授之以州縣，久任於外者必擢置乎省臺。其法既詳且密矣。三品以上，並令陛辭，上親諭德意，餘官亦須堂參，聽宰相宣旨，德至渥也。至於簡其賢能，加以錫賚，賞一人而千萬人勸，可謂得治天下之要道者矣。拜手稽首而獻頌曰：

皇元混一海宇并，九州四裔塵坌清。大邦小邦連絡城，建侯置牧相縱横。考課黜陟法既精，賞罰孰敢紊厥程。皡皡惟我新安氓，女事麻絲男事耕。賦重役繁困科征，操刑論律宜用輕。天惠我侯知民情，政尚寬簡心至誠。我心如以石就衡，父父子子及弟兄，三年不代奏政成。於穆我皇聖且明，對衣遺賜侯是旌。僚采聯鑣出郭迎，歡呼動地春雷鳴。琢辭刻石致頌聲，爲我擊壤歌太平。

徽泰萬户府達魯花赤珊竹公遺愛碑銘

鎮守徽州路泰州萬户府達魯花赤珊竹公既致其事，郡之學士大夫與其三老俊民聚而議曰：「昔珊竹氏之未至，吾里巷之騷然，操戈之士日至乎吾門，刼虜以爲業，殺人以爲戲，吾祖父之丁是禍也慘矣。逮珊竹氏之既至，吾里巷之恬然，朝弦誦而莫燈火，耕田而食，鼓腹而嬉，享太平之福者六十年矣。矧公文武忠孝，冠于一時，號令明于六邑，涖官日久，德源日浚，令聞益彰。今而退休于家，傳襲厥子，使吾民世濟其美。始終進退有足書者，其遺愛又詎可忘乎？」礱石，召玉使書之。

玉惟國家監前代郡守專政之弊，各路設總管府以治民，萬户府以統軍，使民輸粟以贍軍，軍執兵以衛民，軍民相需以成治安，萬世之良法也。然法久必弊，弊而不更，則民受其害矣。先是，至元二十七年，郡軍政暴虐，民不堪命，起而訟之。朝廷議以徽泰萬户府兩易，而廣威將軍奚加觧實領萬夫，來鎮兹土，一視軍民而子愛之，合郡之人如去强暴而就慈母。則公之祖也。在郡六年，竟薨于位。公父脱烈，輿官耆事，勤勞滋篤，不幸蚤世。時公尚幼，力學不廢，克自樹立，以世其官。總裁軍政三十有七年，申嚴厲禁，軍既不擾，民自安之。至於軍有飢寒，如己疾疢，惟恐有一軍不得其所也。故其將校士卒，臨難赴鬬又能竭力捐軀，以衛其上。前後累平大寇，皆著奇功。漳州李志甫之亂，江浙萬户集者九人。公長身虯髯，賊中號爲「黄鬍子萬户」，望其儀表，輒相引逃避，莫敢與敵。事定論功，以公爲第一，例當升閫帥，公終不自陳。班師及境，始聞其祖母雲中郡太夫人之喪，號慟屢絶，徒跣就位，人稱其孝焉。公家世貴胄，身躋顯仕，而用軍行師，能與士卒同甘苦。臨陳對敵，闞弓上馬，氣奪三軍。平居暇日，與諸儒先生論説詩書，謙恭下士，不異寒素。真國之賢臣，時之良將也。

按蒙古氏族，珊竹臺亦曰散朮觧，其先蓋與國家同出，視諸臣族爲最貴。公之高祖純直海，佐太祖皇帝取諸國，定天下，有大功。已而懷孟軍亂，又以一言全活其衆，懷孟人廟祀之。賜號宣忠協力崇仁佐運功臣，封定西王。至廣威將軍，始以瓜州等處軍民達魯花赤轉萬户府達魯花赤，用國家故事，子孫世襲。公名帖古迭兒，字元卿，初授明威將軍，累升至昭勇大將軍。系之以詩，詩曰：

皇元受命，海宇爲家。雲蒸霧滃，豪傑紛拏。惟時珊竹，撫定懷慶。俾兹殷民，罔不用命。帝曰俞哉，宜有爵秩。侯封萬户，傳爾千億。寳璽給券，明珠耀符。總師七翼，出鎮海隅。徽民籲天，扣閽告急。曰予將士，暴不吾恤。公卿廷議，惟珊竹賢。爰命珊竹，以其師遷。師既至只，無敢失律。民亦樂只，安其家室。暨昭勇公，善繼善承。歲歷世七，朝夕戰兢。允文允武，惟忠惟孝。克慎厥職，以圖報效。功成勇退，傳襲不疑。出處之節，時措之宜。旄倪一口，載頌載揚。曰惟珊竹，吾何敢忘。廼集廼議，廼伐山石。刻此銘詩，用歌世德。

徽州路達魯花赤合剌不花公去思碑

皇元奄有天下，立經陳紀，設官分職，所以爲吾民者至矣。各路設達魯花赤一員，位在守貳之上，所以總裁政務，表率僚采，監臨一郡者也。按譯言達魯花赤，漢言括囊玉也。言政之得失，係於長官，猶囊之啓閉在於玉耳。新安居江東上流，其境四塞，舟車不通，使客罕至。其官屬又無公田之入以充廩稍，斗糴市井，下同民伍。士大夫之臨是邦者，非勵廉謹之操，躬節儉之德，其不至於妄作威福、貪婪黷貨以爲民患者，鮮矣。

至正四年冬，合剌不花公以通議大夫、台州路達魯花赤移監新安。廉平自持，與民更始休息，專務以德爲化，鞭笞幾措不用。郡介萬山，民艱粒食，且租税重於天下。歲永豐倉受輸糧米，飛走攫攘，病民爲甚。公知其故，親臨監視，召民兒女子語之，通其利害緩急，雖有限期約束亦不爲用。曰：「法所以防姦。事苟辦集，法又可盡用乎？」積弊既除，民歡趨之，期亦不愆也。六邑詞訴，就決於途，或有誣罔，自慙而退。向之横行州縣、指麾曹案者，皆屏跡閭巷，莫敢吐氣。期年之間，遂至無事。六曹蕭然，坐嘯而已。公乃自挾方册，携一羊皮，坐於山巔水涯，歌詠終日。或進農夫野老，詢以民間疾苦、官府得失，相忘勢分，不知其孰官孰民也。公之爲政，如是而已。然視其人，無急遽之色，無疾厲之聲。視其家，無食粟之馬，無衣帛之妾。

視其宇，庭無留訟，獄無寃人，吏守其職。視其野，男耕女織，父慈子孝，而民安其業。蓋公嘗與金華許謙先生遊，其爲學，專以誠意不欺爲主。故其臨政，忠厚惻怛，視民惟恐傷之，民亦戴如父母也。公既及考，代者不至，大臣考績，以公爲天下最。事聞于上，賜衣帛一襲，且布告郡國，使知所勸，然後賜環，蓋異數也。

公既去郡，深山窮谷，愚夫愚婦，莫不咨嗟太息，重公之去。於是歙父兄諸母謂其邑人之子鄭玉曰："爾之所以得安田里，誦詩讀書，以詠歌聖賢之道者，皆侯之力也。可無文辭刻于金石，垂示子孫，以無忘侯德乎？"玉惟西都之治，度越古今，循良之吏，前後相望。及其後也，龔、黄、卓、魯，相繼出焉。原其所自，始於曹參爲相擇吏，木訥重厚長者召爲丞相史，言文深刻欲務聲名者輒斥去之，所以人人忠厚，耻言人過。公之爲政，真古循吏，學問深醇，殆又過之。昔人謂在任無赫赫之蹟者，必有去後之思。玉於公信之矣。公蒙古人，傑烈宜氏。玉既論其事如右，復爲詩系于左方，并以致吾民祝頌之意焉。詩曰：

吴楚之交，郡曰新安。牧伯之長，刑政尚寬。俗化醇厚，民以乂寧。政成考績，治以最稱。天子曰都，賜之以帛。帛匪爾私，以勸邦伯。公既代矣，民懷去思。刻詩貞石，我無愧辭。黄山蒼蒼，黟水茫茫。山增川至，福禄無疆。公享福禄，以祐我民。入作夔皐，敷對丹宸。天際海壖，均被公德。地瘠賦繁，毋忘下邑。

章孝女雙廟碑

按《新安志》，歙縣人章頂二女，與母程登山採桑，母爲虎所攫，二女呼號搏虎，虎遂棄去，母由是得免。

刺史劉贊改二女所居合陽鄉爲孝女鄉，且復其家。觀察使韓滉奏贊治狀，朝廷特賜褒遷。事載唐史。今郡城之南二十里，若橋、若村、若里，皆以孝女得名，即孝女之故居也。村南五里許有山，曰二姑嶺，亦曰義姑嶺者，孝女之廟在焉。歲久廟廢，嶺仍存故名。予嘗過其所，訪問父老，猶能歷歷談孝女事。爲之徘徊太息，不能去者久之。南里洪節夫氏聞風而起，慨然以爲己任。即村傍青山菴之前軒四楹，爲孝女之祠，肖像其中，且爲買田以供香燈之費，而命章氏之孫住菴曰覺旺者掌之。予又得請於有司，令長吏歲時致祭，如我國家故事。於是書其本末，使刻廟中。

夫以二女子之微而能制猛虎之暴，豈其力之所勝哉？蓋其忠誠之所感化耳。方其母氏爲虎所攫，二女愛親之心勃然而興，發爲忿勇，震動林谷，有不期同而同者。當是之時，二女唯知母難之當救，豈知己身爲可惜？故寧陷虎口而不自顧，虎亦爲其所化而不自知。且天下之冥頑不靈者，獸也；獸之至暴不仁者，虎也。虎且化之，而况於他物乎！况於人乎！觀於二女之事，則凡人有所未信，物有所未化者，皆在我之忠誠有所未至也，豈人與物之罪哉？千載之下，想而像之，二女之英烈，猶凛凛生氣，况於當時乎！况於親見之者乎！其見褒於朝廷，得祀於鄉里，不徒然也。祠廟湮廢若此，豈人情也哉？然則二女祠廟之復，有不可已者矣。自今像設方嚴，祭祀時舉，過其祠下者，孝愛之心油然而生，婦人女子亦將觀感而化矣。其關於教化，繫於人心，豈細故乎？因爲詩三章，使歌以祀孝女，并以勵夫風俗云。詩曰：

嗟弱質兮闇闇，發至勇兮至仁。鬼神兮威動，猛獸兮服馴。

山高高兮崔嵬，水深深兮洑且洄。山高水深兮天宇開，雙鶴交飛兮孝女來。

生人兮林林，習俗兮日以沉。仰遺風兮如在，慨千載兮良心。

休寧縣達魯花赤也先脱因公去思碑

至元二年丙子冬十有一月，休寧縣達魯花赤也先脱因公既代且行，邑之人士相與攀留，不獲，餞于東門之外。父老號呼，兒童涕泣。❶退謀於其鄉先生建康府判汪公，走書旁縣鄭玉，使紀其事，刻之堅珉，立于道左，以播公之德，以慰邑人之思，爲來者勸。

休寧爲新安望縣，地大人稠，訟牒紛冗，爲之上者苟失其道，則姦宄狡獪並緣其間，益難治矣。公至之始，即召父老，宣布朝廷德意，示以法令所禁，使民知所趨避。遇有骨肉之訟，語以人心天理，無不感悟悦服。至於欺誕之辭，則折以是非曲直，如龜卜燭照，洞見肺腑，訟者輒叩頭謝罪而去。其或怙終不悛，則痛繩以法，用示懲戒。前所謂姦宄狡獪者，匿影藏形之不暇，奚暇梗公之治哉？越明年，政孚於人，訟牒視舊十損八九。公知其民之可與爲善也，於是興舉學校，崇祭祀以嚴莊肅之心，葺齋廬以爲藏修之所。公退之暇，則就學宫進學者談經論史，以明爲治之本。又明年，訟牒益簡，官以無事。於是因時之制，建立伏羲、神農、黄帝之廟，❷以彰崇德報功之意，以期復古還淳之盛。及其將去，則又懼後之人或不能繼也，於是分布條教，定立規式，取甲令之期限以爲程度，使民先事賦入，而吏無催科之勞；驗民力之高下以爲差徭，使吏

❶「泣」，原作「立」，今據至正本、四庫本改。

❷「黄」，原作「皇」，今據四庫本改。

以時召役，而民無争糾之患。繼公而來者守而勿失，則爲公之治蓋不難矣。然則公德之在民者，何時而可既乎？宜其在官而民安之，既去而民思之也。

三代以下，吏治莫盛於漢。漢之縣令，首稱卓茂。茂爲密縣，有告亭長受其米肉遺者，茂直以兒女子語之，真若以情破法矣。然而忠厚之風，和平之政，雖三代盛時無以過此。是其著之青史，名曰循吏，政不以其發姦擿伏之爲能，而以其慈祥愷悌，與民相安於無事之爲賢也。方今之吏，頹墮委靡、貪婪敗闕者固所不論，至於表表愈偉，爲衆所稱，號爲能吏者，則强者不過生事以立聲名，弱者不免廢事以市恩惠，豈有政教並行，寬猛相濟，如公之治休寧者哉？其亦庶乎有古循吏之遺風矣。公字仲禮，畏吾兒氏，世居汴梁。祖、父皆有勳勞閥閱。其在休寧，每歲部使者行部，民遮道借留公者以千計。事上，憲臺異之，且將置以風憲之任，而公去益不可留矣。是舉也，雖曰進賢以勸善，夫豈其民之心哉？

玉既書其事，復系以詩，使其民歌舞之。詩曰：

惟邑有長，始自我朝。監臨庶務，首出衆僚。事有可不，政有否臧。民之利害，長猶之坊。斗牛之墟，海寧之邑。❶民比鱗居，訟如毛集。我公之來，不亟不徐。伊民之樂，如病之蘇。其庭如水，其野如春。熙熙洽洽，惟公之民。公既去只，民失慈母。疾病寒飢，孰知其苦。漸水悠悠，率山蒼蒼。山泐川竭，公德不忘。告我婦女，詔而子孫。桐鄉之祀，以報公恩。

---

❶「海」，四庫本作「休」。

師山先生文集卷之七

碑銘

朱愛梅墓銘

愛梅姓朱氏，名璟，字景玉，愛梅其小字也。人唯呼曰朱愛梅云。按朱氏新安之望，宋淳熙間有爲廣東經略安撫使者，於愛梅爲高祖。至父世賢，家事益落。愛梅少時讀書郡齋，郡學官有藏米元暉畫者，日張壁上。愛梅時從旁竊觀之，至撻之不肯去，久乃得其妙。及長，又愛高彦敬青山白雲之作，遂合二公之法，自成一家。得意時即爲之，然秖以自娱，不爲人所役。嘗以家貧母老，不可無禄仕，求爲績溪西坑寨吏。居三月，曰：「是豈我輩所堪爲也！」竟棄去。平居，人召之飲，輒往不辭，與之嬉游，或數日忘返。家屢絶，終日不得食，不見其有愠色。一日，天大雪，獨坐空山巓。人問之，曰：「吾將以增吾胸中之丘壑耳。」至順元年七月二日，以疾卒于家，年三十三。未娶，無子。郡人鄭玉懼其事之不傳也，乃爲銘刻之墓上。銘曰：

世有幽人，蘭芳芷馨。天胡豐於其才，而嗇於其齡？吾欲問天，而天冥冥。吾欲問人，而人不聞。姑取其孤高之行、貞潔之操，書而刻之堅珉。

處士王君墓誌銘

王氏故爲祁門宦族，方其盛時，宗親子屬聯名仕版二三十人，其最顯者曰某，官至江西提刑，直寶謨閣。往年先大夫作尉祁門，玉獲過王氏之居，曰平里，在縣南五十里。其山川舒平，地多沃壤，繞屋植禾黍。老者耕田種樹，以肥遯爲心；少者好學工文詞，用意科舉，期復先祖之烈。處士名廷珎，字子真，則老而尤賢者也。讀書見大意，謂聖賢作經，意在言表，豈拘拘註脚者所可得其本旨？要當真體實認，見之日用常行間耳。性嗜棊，與客對奕，終日忘倦，曰：「吾嘗慕諸葛忠武侯之爲人，今世承平，無以表見，胸中八陣圖法，聊以助吾手戰而已。」延祐四年，歲適大侵。先是，有司出社倉粟貸民，至是秋成，責民償官。民無以應令，皆將逃散。處士盡出所有粟代里中輸官，民乃安業。後二年，處士改築室，里中人曰：「王君嘗代我輸粟，德不可忘。」争趨之。處士復厚其餼勞，人感之益篤，稱爲長者。年甫五衰，即以家事付其子存善，日唯抱孫祖吉戲弄花下，與賓客飲酒賦詩，時事不一語挂口。元統三年三月甲午，病且死，謂存善曰：「尤昌下里之兆，吾所自卜也，死必以葬我。惟禮制之大不可違，自始死至祥禫，其一遵朱子所定《家禮》。」存善既用治命，以五月庚寅終大事，走書請銘墓上。按處士生至元十有五年閏月癸酉，享年五十有八。曾祖諱某，祖諱某，父諱某。娶同邑胡姓。銘曰：

祁山之南，閶水之上。奕奕王氏，爲民之望。吁嗟處士，遭世中微。碩果之食，家政用施。修身以德，裕後以學。德學之報，伊農之穫。樂哉斯丘，惟君之阡。手所自築，魂氣睠焉。刻此銘詩，昭于來世。潛德之光，永永無墜。

從弟琮墓誌銘

從弟琮，字叔方，先仲父諱椿齡之子也。仲父早無子，從兄璿，本洪氏，於先祖母爲姪孫，仲父取以爲子。仲父晚生琮而死，嘗命琮父事其兄。故琮視兄猶父，兄撫之如子，友愛篤至。琮年十有五，從吾友程文先生學書法，得鍾繇筆意，一時號能書。予有山水癖，好堪輿家言，號地理學。琮從予遊，三日盡得吾意。其聰明敏捷類如此。且善幹蠱，知艱難，無子弟之過，意其必振吾宗也。至正三年癸未四月二十日，以疾卒，年二十二。某年某月某日，葬所居西南百餘步。予悲其竟夭死，將無聞於世，乃爲銘刻冢上。銘曰：

嗚呼琮乎千里駒，今其死矣天喪予，無可奈何徒長吁。

鮑景曾墓誌銘

景曾諱魯卿，姓鮑氏。幼負奇才，讀書三行並下，日記數千百言，天文地理、歷律度數，無不研究，尤精於兵法與神僊修養之説。遭世承平，無以自效，又無相知有勢力在位者相推挽以致其能，喟然嘆曰：「施於有政，是亦爲政。吾將行之於家，又何必天下乎？」乃治産積居，曰：「他日苟有贏餘，亦足以仁吾三族，賙吾鄉里。況子孫衣食給足，可以安心於學，讀書致用，以自效於世，猶吾得效也，不猶愈於己乎？」其理財也，以任人爲先，不計其輸贏得失，❶而卒享其利。其買田也，望原隰之高下，知田畝之肥瘠。嘗有瘠田，人棄不治，景曾厚價取之，曰：「異時必爲良田。」又有厥土上上，人争欲得之者，景曾棄不取，曰：「數十年後遂爲磽确矣。」已而皆然。其自病也，知脉絡之受病，曰：「某經病矣。」其飲藥也，識藥性之寒温，曰：「藥至某經矣，明日病愈。」至期而愈。嗜書如飴，雖家務叢襍，手不釋卷。其夜讀也，每至鷄鳴方就枕席，曙色才分，書聲又聞於隣壁矣。其爲學也，專以講明心法爲主，而以修飾行義爲先。其論人也，則以識見高下爲格，而不泥其成敗之迹。田過千畝，即誡其子元康曰：「田不可復買矣。賦重役繁，反爲子孫之累。供給在官，日夕不暇，又奚暇讀書明理以修其身乎？吾將效鴟夷子皮之爲矣。」景曾世居歙之唐越里，與予居相望咫尺，中有蒲亭之山。常使跛奴載酒與予坐蒲亭山上，論天下形勢、山川險易，若身履其地者。幅員之大，如指諸掌耳。及言古今治亂，自三代已下至于今日，無不提其要領而中其肯綮。使其見用於世，其所立詎可量哉！

景曾生以至元十八年二月八日，卒以後至元元年七月二十日，葬以至正九年八月八日。卒時年五十有五。曾祖諱衡。祖諱宗巖，世號長者。父諱壽孫，嘗爲徽、寶慶兩郡儒學教授。方至元之變，盗起里中，教授君與其父皆爲賊所執，父子願相代死，賊猶豫未敢殺。會風起林薄間，賊疑官軍至，皆走散，父子俱得免。人以爲慈孝之報，至今稱慈孝鮑家。娶同里程氏，丞相吉國文清公孫女。男一人，元康也。先是，景曾無恙

❶「失」，原作「夫」，今據四庫本改。

時，嘗愛平原山川之勝，歲一過之，謀卜葬所而莫宜其兆。後予與元康按行其處，指而異之。元康拜曰：「此先君子之志也。」遂舉以葬焉。且以銘請。予素善景曾，不忍使景曾無聞於世，乃使元康買石太湖之上，刻予辭以銘其墓。後有式車下馬而過者，曰：「此鮑景曾之墓也。」其或由吾銘也夫。銘曰：

平原之山，公所盤旋。平原之水，公嘗濯焉。山水之間，遂爲公阡。我作銘詩，庶或有傳，於千萬年。

有元封黟縣尹鮑先生墓誌銘

鮑先生既卒于亂兵，鄉之善人相與語曰：「天於亂離之際，善惡之報爽矣。吾儕何所恃而無懼乎？」其孤同仁泣語余曰：「先人積善以遺子孫，而不獲令終，同仁之罪大矣。萬死不足償責，尚何言哉！雖然，先人之善行不可没也。乞序而銘之，使先人之志得白於九原，則世之爲善者，尚有望於後世而無懼也。」

按鮑氏世居郡城之西門，二府君諱榮，始遷棠樾，至先生十世矣。先生諱周，字景文。曾祖諱衡。祖諱宗巖。父諱壽孫，嘗爲清泉鹽場管勾，徽、寶慶兩路儒學教授。至元初，與其父皆爲賊所執，願相代死，由是俱得免，事載《宋史》。先生早歲出爲伯父諱元孫後，所後曾祖諱術，祖諱山。先生性好謙和，每卑以自牧。居家庭間，雖子弟進拜，躬自答之。出遇童稚，相與爲揖，亦必盡恭謹，無有慢易之容。其際事物，人或以言相侵，先生若不聞，或以勢相陵，先生亦不較，已而侵者陵者自負愧。嘗有怙强罵道語及先生者，或告之，先生笑曰：「彼非狂即醉，何與吾事！」聞者服其長者。晨興，焚香危坐，取道經佛典默誦朗宣。遇朔望本命日，作伊蒲供齋僧道，出錢米施貧乏。妻父母死，無子，既收葬之，復爲置後。雅愛吟詩，尤工五七言律，所爲詩號《薌林集》，藏于家。年五十，自卜葬地於城南之葉有，築宫其傍，使道流守之，名曰心田道院。至正七年，同仁爲邵武路泰寧縣尹，法當封贈，請于朝，先生封從仕郎、徽州路黟縣尹，夫人贈宜人。九年十有一月命下，即心田道院設醮三晝夜，爲民祈福，以報國恩。時先生康强眉壽，孫曾滿前。鄉里榮之，形于歌詩，遠近傳誦。

十二年四月，紅巾賊由饒入寇，據城以守，民陷賊者五踰月，浙西道廉訪僉事合剌忽納督江浙之師自睦來討，九月，郡城乃復。十有一月，賊復寇休寧，守郡沙不丁等棄城而遁。適朝廷所差太府太監卓駐馬以所部屯湖州，取道廣德、寧國，自績溪進攻。寧國民周鎬、周銘、周鎰招集亡命，謂之民義，翼附官軍以爲聲勢。軍抵郡城，賊戰敗走。民聞賊退，相與携持，歸復故業。周氏兄弟乘民不備，分縱其徒，四出擄掠，燒民廬舍，刼民財物，牽民牛畜，殺民老病幼弱，數其耳鼻以爲功績。於是年，德如先生者亦遇害，十有二月甲子也，春秋八十有二。子男二人，長即同仁；次德臣，先先生卒。孫男三人，深、浚、淮。曾孫男二人，葆、龍保。銘曰：

天道無知，顛倒報施。非天無知，逢時亂離。嗟惟先生，曰攸好德。胡不考終，遭此惡逆。身雖遭逆，福在子孫。欲知天道，視其後昆。

洪本一先生墓誌銘

昔先君子作尉淳安，余在侍傍，得游淳安諸先生間。吴暾先生，則所師也。洪震老先生、夏溥先生，則所事而資之也。洪曉先生，則所友也。曉初字君實，名曉，後更今名，字本一。本一日所爲詩文，古雅雋永，余甚愛而慕之。本一入邑，必過余留宿止。余或思本一，輒上馬夜半扣門，相與論議連日夜，忘歸。時本一家尚裕，延師開義學，以教鄉人子弟。先世占籍水站中，疲於差役，有所需，本一輒售田園以供應。自是日就貧困。人不堪其憂，本一處之，泊如也。余既侍親歸新安，益讀朱子之書，求朱子之道，若有所得者。本一亦盡棄其舊所爲，而從事於古人爲己之學。淳安自融堂錢氏從慈湖楊氏游，而本一之族祖衢州府君夢炎亦登其門，淳安之士皆明陸氏之學。及再會于錢塘，則議論多不合，然交情益篤。後數年，余以便舟過其家，本一幅巾野服，相送錦沙之上，至今猶往來于懷也。亂後忽得其門人俞溥書，則以本一訃矣。且狀其言行，俾爲之誄以識其葬。

按本一之先，自尊睦府君任始居養材里，至本一十有一世矣。曾祖諱延宗，祖諱堅，考諱希説。本一幼穎異精敏，讀書日數千言，聲名隱然出行輩上。弱冠杜門，肆力於群書。延祐中，慕太史公之爲，將北遊幽薊，以求中原文獻之盛。涉江抵維揚，有感而尼。越人陳以道聞之，聘爲義塾師。自是稍往來杭、越之間。與之游者，周公仁榮、杜公本、柯公九思、張公翥，皆一時知名士。天曆中，柯公遇知文宗皇帝，駸駸向用，以書來招本一，曰：「行成而名不彰，朋友之罪也。先生苟能此來，從兩院舉，國子助教可得也。」本一不爲往，且曰：「嚴陵山水以子陵而顯，今數百年未有繼其躅者。吾將置扁舟，戴青披緑，釣于烟波之上，使人呼我蓑笠翁，不亦可乎？」蓋其材長於剸繁治劇而不屑小用。至正十有二年秋，平章政事月魯帖木兒總兵討紅巾賊于新安，道由淳安。將校多欲自淳安以西即屠戮，以樹威聲。本一迎拜道左，面陳脅從罔治之典，行師制勝之法。言辭慷慨，平章爲之感動，命坐與之語，且欲留以自助。會本一有疾，不果從。行數十里，猶遣人促之，不得已往營中，留一日竟歸。是年冬，元帥沙不丁退軍淳安，本一以書干之，謂：「自徽城抵淳安，一北二百里，非古人退無疾走之謂。今日之駐此，幸寇不我追爾。彼若乘勝而追，則我之退何時而已乎？」又説以單車克復徽城之策，奇而中理。聞者恇怯不能用，識者恨之。其爲學也，必要於本領端厚，不使支離曲碎破壞其心術。嘗語學者曰：「爲學當以求仁爲先。聖門言仁雖多，然皆因門弟子之問，隨其淺深高下而答之。獨《里仁》篇自首章至第七章，皆夫子之所自言，門人以其序而記之。今知記言之有序，則知求仁之有方矣。」章分句析，其説甚詳，辭多不録。又嘗裒集先世遺文，自尊睦而下謂之《内集》，尊睦而上及旁出者謂之《外集》，復叙其出處，人爲小傳，冠卷端，號《洪氏一家言》。其所自著曰《庸言藁》，凡若干卷。《四書》、《易》、《書》、《詩》則有考釋藁，皆燬於盜。十有三年五月二日，以疾卒，享年六十有四。娶同邑徐氏。子男一人，翬曾。女二人，長適何坦，次適邵英。翬曾將以某年某月日葬本一某山之原。

玉惟鵞湖之會，卒不能合朱、陸之異同，而陸子猶曰「江東也無朱元晦，江西也無陸子静」，蓋不以其學之不同而廢天下之公言也。玉於本一託交三十餘年，其所學雖若有不苟同者，銘墓之責，又安得以此而廢彼哉！姑叙其所以爲學之概，以俟後世之知者。而爲之銘曰：

道喪千載，乃生周、程。又百餘年，朱、陸並興。長江之西，大闡陸學。行不由知，理以心覺。淳安先哲，多游慈湖。先生承之，是訓是模。源高流深，若與衆異。天慳其逢，百不一試。潛德幽光，永閟兹土。我作銘詩，用詔終古。

故慈湖巡檢洪府君墓誌銘

歙之南，其山峭拔，其水湍激，其人往往魁梧龐碩，善謀能斷，其豪傑又能因時艱難，保聚鄉井，策取功名。方至元初，海宇草昧，山林盜賊竊發陸梁，殆無寧歲。二十七年，績溪山民據西坑砦爲亂，郡幾失守，至勤王師討之不克。南里洪公聲甫設布韜略，團結保甲，招降賊黨九百餘户以爲内應，幾其出入，乃於大鄣山邀絶險阻，擒其肘腋十有一人。賊勢大沮，將移據他所。公親率民義追躡其後，至淳安縣小蛇坑，大擊破之，獲其渠魁，檻送有司，西坑砦平。郡録其功，上之行省。行省擬授歙縣主簿，以聞于朝，不報，版授休寧縣黄竹嶺巡檢。未上，改授太平路當塗縣慈湖鎮巡檢，盜息而民安之。及其家居無事，恂恂儒者若不能言。公既蚤孤，事母潘夫人極孝謹。伯兄雷奮性嚴厲，公委曲將順，唯恐失兄意以傷母心。及分財，取其少；分田，取其瘠。新第既成，兄欲居之，公又舉以讓焉。公避地覆船山下，所居平田數百畝，溪流清淺，山四環之，真若太行之有盤谷焉。嘗謂所親曰：「數年之後，嫁娶既畢，吾當結廬山顛，滅景於此耳。」賚志不遂而卒，時大德六年十有二月朔也。諱雷轟。娶同邑吴氏，克配公德。子男三人，洋、復、英。復出爲從兄鈞後。孫男四人，斌、杰、宅、和。曾孫男今十人矣。先是，公既蚤世，洋兄弟又皆不壽，且惑陰陽家者言，遂不克葬。洋死，泣以語其子斌，使終大事。至正五年十有二月庚午，斌乃克奉公及吴夫人之柩葬于里西敬潭之上，於是公死四十有四年矣。斌從余遊，以余知其家世爲詳，拜且泣曰：「先大父不幸蚤世，不克以功名事業顯聞于時，其存心立行，獨無可書以傳于後者？此子孫之責也。願有文辭，刻于墓闕。」余哀其言之悲也，爲之銘曰：

覆船兮嵯峩，有美人兮山阿。嗟予誄兮長歌，寫琬琰兮不磨。

師山先生文集卷之八

表誌狀

修復先墳石表

先人嘗謂玉曰：「五世祖妣汪氏之墓，在吾居之右、西廳之前者，至元兵變屋燬于盜，墳亦湮焉。自吾父遊宦四方，歸而竟忘其處。詢之故老，無有能識之者。墳卒不復，此吾父子無窮之痛也。小子識之！」言畢，泣數行下。玉時聞命恐悚，哭不能對。明年，先人遂捐館舍矣。喪復常，乃覃精竭慮，思復先墳，以繼先志。若非掘地見槨，終成傳疑，久而道路溝渠、耕犂宫室之患蓋不能免。元統二年十有二月庚申，誓於天地，告於祖宗曰：「此墳之不復，玉不敢見乎廟、見乎日月矣。」鑿地三尺，塼槨宛然，坐癸向丁，去廳堦丈又一尺五寸。玉再拜在地，悲喜交至，感極而慟，先祖先人之志庶幾少慰矣。記禮者曰，孔子少孤，不知其墓，問於曼父之母，合葬於防。故夫子之言曰：「古者墓而不墳，今某也東西南北之人也，不可以弗識。」封之，崇四尺。則墳之於墓，自聖人然矣。乃積土其上，高及四尺，廣圍二丈四尺，羅以圓石，立表刻辭，告於後之君子與我子孫。凡有人心天理者，幸相與葺之，毋壞毋奪。後五日甲子，六世孫鄭玉百拜謹識。

先府君休寧縣尹方村阡表

先君諱千齡，字耆卿，徽州歙縣衮繡鄉人也。鄭氏相傳自睦徙，譜逸不可考。今歙縣以鄭名村者四五所，所自爲譜，不相通。先君幼從先生鮑公雲龍游，學知本原，於孝弟尤篤。長游京師，用薦者歷弦歌、延陵、美化、江寧四鎮巡檢，陞淳安、祁門兩縣尉，改從仕郎、泉州録事，未上，以承事郎、休寧縣尹致仕。先王父諱安，故從仕郎、歙縣尹，以封贈故，進徵事郎。王妣洪，追封恭人。先君爲巡檢江寧時，有合陽寺僧失財而疑其儕。儕至，以左證，輙引服。先君疑之，購賊，無所得。先君益疑非盜，欲縱之。儕懼刑，因自誣服。先君因指玉語之曰：「吾唯此一息，所欲故入人於罪者，如皦日。」因縱之。人以爲縱盜。後得盜當途境上。尉祁門，有盜牛者，時法盜牛馬皆死，先君謂以畜故殺人，非法意，故出之，盜得不死。在弦歌，建弦歌書堂，日與諸生講誦其中，盜賊自息。延陵有吴季子祠，時造祠下，示以敬慕，里俗爲化。及攝祁門縣，乃大修學校，作興士類，□至有薦名禮部者。因邑民以壻爲後，黜之，以明氏族之不可亂。因叔父歸其從子之爲僧徒者爲後，許之，以明人倫之所當重。發擿姦伏，一縣稱其政神明。至順二年四月癸亥，卒于杭州傳舍，年六十七。玉奉喪歸，以元統二年十一月壬寅，葬于里東方村先夫人之墓，去先夫人之葬五年矣。先夫人汪姓，諱妙寧，字静德，同邑永豐鄉人。配先君無遺德，教玉尤篤至。婦道母儀，可法後世，人謂女中賢聖，封宜人。延祐五年卒，年五十五。卒之歲，弟璉生，先夫人猶及名之。

先是，先君卒，學者私謚曰「貞白先生」，有司表其里門。里之人請於翰林學士揭公傒斯，爲《貞白里門碑》，刻道上，距今十六年。墓上石久未刻，蓋有待。玉今年五十，日無聞，大懼先德不揚，乃取先君歷官行事梗概刻之石。至若氣象語言之雄粹，德行問學之懿深，顧小子玉所不敢論著者，尚有望於當世之大人先生云。至正七年春正月戊午望。

鮑仲安墓表

仲安諱元康，余友鮑景曾之子也。余與景曾交時，仲安方讀書家塾，未嘗與人接。余又以負薪之役，奔走四方，不遑家居，故仲安未余識。然仲安勤於讀書，自經籍外，諸子諸史以及山經地志、岐黄醫書、孫吴兵法，與夫佛氏經典、神仙家延年長生之説，無不研究，而尤以修飭行義爲先。及余終養，偃游林壑，以故人子弟來從問學。一見即曰：「前所學者皆誤也，吾今而後得聞聖賢之正學矣。」於是日從事於五經四書，而尤盡心於《易》。日讀一卦，周而復始，玩索有得，輒筆記之。且曰：「上下《繫辭》，夫子所以翼《易》。程、朱之説，嚴謹簡略，蓋引而不發。學者宜盡心玩味，使與六十四卦三百八十四爻相出入，字字有所歸宿，方爲有得。」嘗語人曰：「自吾從先生游，於體認道理，識所謂活潑潑者；於應事處變，得經權之説焉。」

景曾晚年，仲安尚在幼沖，已能出其智謀，佐其家政。及景曾大故，仲安既除喪，即曰：「先人勤苦起家，蓋欲積有餘以及人。况聚而能散，禮經之善教也。元康敢不力！」迺以其歲所入十分爲率，三分以饍老幼與凡家用；三分以供公上貢賦及官府百費；二分積蓄，以待水旱；一分賑恤族黨姻戚鄉鄰，自親及疏，各有等差；又一分貯之别所，以待親友之有患難者，隨其輕重，量力周之。遺嫁孤女，收養孤子，義之所在，知無不爲。休寧有務官，以虧課，粥二女，陷倡家，百計求贖之，使復爲良。設立社倉，時其出内，以濟里社之貧乏，弛其息不取。又嘗欲置坊局，儲善藥，以救疾病，爲不樂善者所沮。朱文公舊有祭田百畝，爲族人之無藉者所盗賣，朝廷既立文公之廟于婺源，訟之有司，數年不得決，官民交相詬病。景曾嘗語仲安曰：「他日稍有贏餘，當以其價與民，而歸其田于廟。」至是，仲安追思景曾之語，粥其材木之山，得錢爲中統鈔者一萬五千餘貫，而文公之祭田始復。其他濟人利物之事，累數之不能終。事母程夫人尤孝謹，求新鮮於山澤，取珍異於蘇、杭，時其食飲，體其温凊，無不得其志焉。

至正十有二年二月，紅巾賊至饒州，仲安與鄉人集丁壯，結保甲，捐財出粟，以供費用。及賊至婺源，知官軍皆敗走，度民力不可支，乃籍鄉里之貧者，計口給粟，使携老幼入山逃避。四月，郡城陷。賊購余甚急，余將死之。仲安謀於諸生曰：「家破可以再營，先生死，世豈可復得！吾將傾家以解是難。」乃使其從子深與吾弟璉以計行賕諸賊，余始得免。九月，大軍克復。仲安與深、璉首起義兵應之，出入山谷，勞苦成疾。病且革，譫語唯云「殺賊」。十一月十日卒，年四十有四。吾邑之人，遠者奔赴，近者巷哭，皆如喪其親戚骨肉焉。余使深主喪事，是月廿日出仲安之柩于外，以待卜葬。越三日，賊復至，家遂燬焉，柩獨無恙，人以爲積善之報。

仲安天資高卓，識見過人。自其幼時，爲學已與流俗不類。及從余遊，講貫益精，踐履益篤。乃率同門爲余築師山書院，聚學者而肄習焉。余方將以講授之事屬之仲安，仲安亦將有不得辭者，而遽死也，豈天喪余乎！天喪余乎！乃叙其梗概，立表墓上，以識余之所深痛云。

周榮之墓表

泰定間，先大夫爲祁門縣尉，閉户不與人接。遇有疑獄，獨召縣史周榮之與語，至夜分不散。余嘗疑而問之，先大夫曰：「是人存心平恕，且熟於律，不肯妄入人於罪，吾故咨焉。」及先大夫不禄，而榮之亦不復任州縣，謝絶人事，不相聞問者數年。已而聞郡中有佳士曰周原誠者，且篤於操行，莫知其誰何氏之子也。及其來見，則知爲榮之之子。居無何，郡陷於賊。賊平，則榮之已死矣。原誠乃以銘誄請。

周氏，其先休寧人。榮之高祖諱尚文，始遷居郡城中，爲歙縣人。曾祖諱鳳翔，中端平二年進士第，授將仕郎、袁州司法。不樂仕進，休官治生産，家以饒。其資業幾及郡城之半，號「周半州」。祖諱元仁，父諱中大，皆執事郡庠，世號「儒先生家」。先是，榮之家事既落，又困傜役，且爲强暴所侵陵，慨然思自奮，乃起爲縣史，主文案。會歙有豪勢誣民罪者，縣具獄上之府。榮之知其情，白上下，獄以平反。御史崔公顯卿時爲推官，大驚異曰：「微子，幾失之。」由是知名。知事李公友諒薦榮之爲黄山巡史，榮之不屑就。李公曰：「古人爲貧而仕，未嘗擇禄。」榮之笑而受之。俄二魁桀誣仇盗，榮之繫魁桀送大府，仇乃得白。部使者行部至郡，廉吏能幹者贊簿書，榮之在選中。部使者朵兒只班公一見異之，補祁門縣吏。時縣有姦猾購府檄，徵民紙倍他縣，將以射利。榮之詣府白，除二十萬，民賴以蘇。調休寧縣。令丁某專以嚴刻御下，欲使人附己。一日，引兩囚造庭下，將被無辜者罪。榮之直以大義譬曉，無所遜屈，令不爲解。未幾，獄上，郡發其姦，令始慚服。邑有僧與其徒隙，以賄購上下，誣以死罪，致榮之白金百兩。榮之叱曰：「取貨以殺人，吾不忍爲也。吾將直若事。」僧慚懼死。再調黟縣。府委主簿毛文卿讞疑獄，榮之即覈囚寃，白之，囚得不死。府推張公飛卿聞之，曰：「不意州縣簿書間而有此人！」聞其至，倒屣迎之。至正三年癸未，年五十五，喟然嘆曰：「吾年踰知命，兒子授徒足以供奉養，吾何事乎仕！」乃杜門謝親友，日以植松竹、理蔬圃爲樂，雖隣里罕見其面。十二年，避賊城南山中，手持高、曾遺像，賊見不忍害。是秋，王師克復，始歸舊業。方郡城陷賊時，賊至其居，三縱火，隣里爲之蕩盡，火及榮之屋，輙摧滅如救，見者以爲異。明年四月二日，以疾卒，享年六十五。榮之幼穎悟清俊，不好嬉弄。長，持行尤端謹。四歲，事其大父即知畏慎。居父喪，勺水不入口者七日。待親族一以恩。從叔瑾之歿，字其孤男女四人，迄成人，畢婚嫁。當乏食時，賣簪珥、貸子錢供之，無吝色。

按《春秋》之法，微者姓名不登史册，其有賢行則特書之。國家之制，三品以上得請謚，其有學行卓異則太常特議謚焉。吾所以爲文以表榮之之墓者，蓋《春秋》特書之法，太常特謚之義，不以其人之微而没其行之善。既以使世之爲善者知勸，又以識先大夫之能知人也。

楊士奇跋

《師山集》者，元歙人鄭玉著，同郡程以文爲之序。朝廷嘗徵爲待制，以疾辭。家居，惟日著書爲事。國朝兵入徽州，守將將要致之，曰：「吾豈事二姓者！」明日，具衣冠北面再拜，自縊死。《元史·忠義傳》。此集吾得之區昜允和。廬陵楊士奇跋。

師山先生遺文序

鄭子美先生所爲文，余十年前嘗得其漢唐諸論，頗疑其體制往往或出於繩墨，心未之好也。今年復獲其《師山集》，盡讀之，觀其操議持論，務辯道理、談名義，蓋汲汲焉以扶植世教自見，心歎服之，於是赧愧向之知先生之不能深也。雖然，以文求先生，非知先生者。欲論先生，當自其平生大節而觀之。初，先生隱居于鄉，教人接物，一體於風義。至正中，宰臣以名聞，詔拜翰林待制，兼有上尊名幣之賜。先生疾當世方奔競成習，將有以抑之，則抗疏控辭，其言曰：「臣問學之淺深，他人不能知，臣實自知之。所謂『吾斯之未能信』，豈敢貪冒恩榮以自欺其心！酒與幣，天下所以奉陛下，陛下得以私與人，臣不敢辭；名與器，祖宗所以遺陛下，使與天下之賢者共之，陛下不得私與人，臣不敢受。」疏聞，朝廷不之强也。居無何而干戈起，徽城陷焉。城守者將要致之，使爲用，先生厲色拒之，曰：「吾豈事二姓者耶？」因被拘囚郡中，詬辱者久而志不少變。親戚朋友攜具餉之，則從容爲之盡歡，且告以必死狀。其妻聞之，使語之曰：「君苟死，吾其相從地下矣。」先生謂曰：「若果從吾死，吾其無憾矣。」明日，衣冠北向，再拜自縊而卒。嗚呼！先生於出處死生之際，其大節表表如此。而世之以文求先生者，豈足以盡先生乎？況求之以文者不觀其所以自見，而徒徇夫言辭之末，其淺知先生矣。唐司空表聖、韓致元所爲辭章凡近，無足多者，而其處進退存亡能不失其正，節義所在，君子蓋深許之。豈可謂先生之文與行皆卓然者，世其得而朽之者乎？余懼夫人讀先生之文者，如余向者之所病，故竊志之以爲告。世有知言者，其必謂余能知人也哉！先生名玉，字子美，徽州人。洪武三年歲舍庚戌春三月朔，翰林待制、承直郎、同知制誥兼國史院編脩官，金華王禕子充書。

師山先生遺文卷之一

序

胡孟成文集序

以文章爲學，古無是也。六經皆文章也，而不以文名；堯、舜、周、孔皆文人也，而不以文聖，故所言皆文章也。春秋、戰國之際，文章之名猶未著稱。漢之興，司馬子長始以此世其家，然猶託事以紀實，不如是空言也。自是學者聞風而起，項背相望，形立而景隨，一唱而百和矣。三國、晉、宋以至隋，又無聞焉。唐之盛時，韓昌黎、柳子厚皆以文名驚動一世，而杜少陵之詩實三百篇後所未曾有。故當時同遊之士，至今傳世不朽者，至不能以一二數。蓋昌黎遂以起八代之衰，文章之作，始濫觴矣。唐亡，天下遂大亂，士氣益卑下，詩尚晚唐，文用俳體。宋初，歐陽子首表韓文，眉山蘇氏接武而起。黄魯直、陳無己咸以詩聲充塞宇宙，人至以少陵伯仲之。一時能文如曾子固、工詩如張文潛以下而家數等級，粲然森列，可以車載斗量而不可以名計。然則歐陽氏又以救五代之衰，而文體復振矣。南渡後，典雅如葉水心，豪邁如陳同甫，豐贍如洪平齋，翹傑如江古心，浩瀚如劉漫塘，跌宕如謝疊山，尖麗如方秋崖，此文士之尤也。詩人則有楊誠齋之奇特，陸放翁之雄大，范石湖之整齊，尤遂初之和平。任文章之責者非無其人，而亡國之音作矣。皇元混一，五星聚斗，文運向明，文體爲之一變。然起衰救弊如韓、歐公者，卒未見其人焉。於是學者各以其見之所及，力之所能，家自爲學，人自爲師，以鳴於世，以俟夫後之韓、歐而是正之。如吾友胡君孟成，亦其一也。孟成文奇崛而有氣，詩深遠而無瑕，善於學古者也。但奇崛者宜變而平易，深遠者當使之明白，是又在孟成種績之久，時至而骨自換也。予嘗以是語孟成。他日，其徒洪生斌手鈔孟成所爲詩文若干篇求予序，因以語孟成者語之，是亦朋友忠告之道也。生試質之孟成。

琴譜序

琴何始？始乎伏羲。琴譜何始？吾不知其始，其可知者，舜而已。要之，有琴斯有譜，其不知者，不傳耳。舜之譜，「阜財解愠」四語之外無聞焉。降而爲商、周之詩，三百篇之作，所謂「用之邦國，用之鄉人」者，即琴譜之大成也。然當是時，其士君子無不習而能之，未足爲奇也。至伯牙之徒，乃始以此鳴於一世，而其《高山》、《流水》之操，則又窮極幽遠，而不及乎民生日用之常，人倫性命之正。此古今琴譜之變也。律起於黍，音定於律，所謂同律度量權衡者，天下之一中音而已。然今之用乎琴者，有江西操，有浙操、中原操，則南北之音又不同矣。若夫合古今之譜，正南北之音，使《南風》之歌、杏壇之吟復聞於當世，政不能無望於今日能琴之君子。胡德昭，嗜琴入骨髓，❶弄之忘寢食，集古今人譜二三百曲爲一卷。予不能琴，爲作

❶「嗜」，原脱，今據四庫本補。

《琴譜序》。

送汪德輔赴會試序

新安士習，惟婺源爲盛。每三歲賓興，州縣望烟而舉，士子雲合響應。休寧次之，歙次之，績溪又次之，祁門與黟其最下者也。間有子弟稍知以讀書爲事，則衆相與聚而笑之，鄉鄰疾視如怪物然。自科舉以來，凡捷音之所向與四方之望焉者，唯在於婺源而已。去年，吾翁調官祁門，余以侍養在膝下。汪生德輔日從余遊，性敏悟而志篤，余甚奇之。今年適當大比，有司掄選，遂以充賦。生逃避，謝不敢，余勉使就行。及出院，士子之自負以爲可以必得，與儕輩之所不敢奪焉者，猶在婺源焉耳。既越月，汪生以捷聞。夫山東出相，山西出將，魯多君子，燕趙多悲歌感慨之士，風俗移人若此。至若王豹之謳，綿駒之歌，陳良之學，庚桑子之畏壘，則不惟不爲風俗所變，而又將變其風俗矣。然則變於風俗者，人情之所易；而變其風俗者，人情之所難。意者天將啓祁門以文明之盛而使生爲之兆耶？故余於是舉也，不惟爲生賀，而爲祁門之人賀。今生將上之春官，對策大廷，行有日矣，過余徵言。余爲道其所難易者如此，既爲生勉，又爲祁門之人勉。

送張伯玉北上序

張伯玉將如京師，余舉酒與告之曰：京師者，天下之都會，而四方賢士大夫之所時集也。子行壯矣。夫人之生也，豈徒然哉？必有異聞而後可以爲耳，有異見而後可以爲目，操筆弄墨而後可以爲手，跋涉道途而後可以爲足。不見王公大人，則異見何由而廣？不聞高談闊論，則異聞何由而至？不能詠歌當世之事，議論古今之得失，作爲文章，傳之後世，則雖操筆弄墨，所書者不過閭門柴米之數而已。不登名山大川，以盡天下之奇觀，雖跋涉道途，不過經營錢穀之利而已。子行矣，渡淮而北，泛黄河，足以發吾深遠之思；登太華，足以啓吾高明之見；歷漢唐之遺迹，足以激吾悲歌感慨之懷；見帝城之雄壯，足以成吾博大弘遠之器識。然後見朝之王公貴人、兩院之學士大夫，與之議論當世之事，鋪陳古人之得失，得志而歸，當不與碌碌者比。雖然，余賤且貧，未嘗至京師，其山川道里，按圖而索，固可得而言之，然更僕不能終也。至朝之名勝，未嘗盡識其人，又不得與君詳陳而重布之。獨聞燕南有澹張公，嘗爲平章政事，今致其仕而家居，蓋古社稷之臣也。子盍往見焉？則子行益壯矣。

方氏族譜序

自宗法廢，而先王所以睦族之意竟不可見，獨賴譜系之存，世數猶可考也。然非大家宦姓，聲勢足以動其鄉州、德澤足以及於後世者，則又不久而輒亡之，使其子孫服未盡而已爲途人，豈不重可嘆哉！予家來居西溪之上，今十二世，至以姓名其村，譜牒歷歷可考，墳墓無所遺失，非有達官大人之勢，豪家巨室之資，世以力田相尚，而能保守不壞如此，余嘗私自慶幸，以爲所積者深矣。及觀方氏族譜，益有感焉。

方在江南爲大族，居睦、歙間尤盛。蓋自真應黟侯在漢和帝時以賢良方正對策爲天下第一，死而血食其地，故居其間者祖焉。以虚谷使君之博學多聞，亦自以爲實其所出，是信不誣也。方君之譜不及者，世則遠矣，而於源流行實復備録焉，所以著其始也，其亦識隆殺之等而盡親親之道者哉！予每怪世之姦人俠士，妄取前代名公卿以爲上世，自詑遥遥華胄，以誣其祖，以辱其身。如郭崇韜拜子儀之墓者，其亦可誅也已。至若以爲譜系有限，高、曾之外即不復著，而不知先王制服以情，後世著譜以考其源，二者義實不同。如蘇明允之序其族譜者，其亦隘矣。方公之譜，舉無此弊，可謂善於書法者。

抑猶有説。聿修厥德，人之所以念其祖也；全而歸之，人之所以孝其父母也。然修德以顯身而體無不全，全身以道而德無不修。蓋修德然後能全其身，全身所以爲修其德。則念其祖考，孝其父母也，亦非有二道也。方氏之先多聞人，其子孫當益進於學，求所以顯身修德，以光大其門閭，使家聲復振，斯譜之傳不墜，此則譜外意也。方氏子孫勉之！方君名紹，有行誼，於斯譜尤用心。

王居敬字序

王懷德請曰：「懷德，小字也。禮，男子二十冠而字。懷德冠矣，而未易名得字。朋友有以『若愚』見字而名之曰『奭』者，或者謂名『存善』而以『居敬』、『克明』、『復初』爲字者，願擇焉以教，庶警身而修德焉。」

余惟三代以下，學者惟不知居敬以存善，故學廢而性遠。而以「存善」名，字「居敬」，當謹繹其義。孟子曰：「性無有不善。」程子曰：「敬者，聖學之所以成始成終。」二説皆本諸《商書》，曰「惟皇上帝，降衷于下民」，「惟善之謂」，《虞書》即言「欽哉」矣。是謂聖學。秦、漢、晉、唐以來，文章之士相繼而作，非無學者，而曰「孟軻死，千載無真儒」，何也？不知用力乎此，而溺於訓詁詞章之習，故雖專門名家而不足以爲學，皓首窮經而不足以知道，儒者之罪人耳。近世學者，忠恕之旨不待呼而後唯，性與天道豈必老而始聞。然出口入耳，其弊益滋，知而不行，則又秦、漢、晉、唐以來諸儒者之罪人矣。今子之於居敬也，不徒曰「主一無適」而已，必求其所爲主一無適者；於存善也，不徒曰「吾性本善」而已，必求去其惡以存善也。告人以其名則思復其性，聞人呼其字則思充其學，如此則名、字之功於子大矣。不然，人能美名，名不能美人。名、字雖美，何益？

送王伯恂序

至正八年春，朝廷合天下鄉貢之士會試于禮部。考官得新安王伯恂之卷，驚且喜曰：「此天下奇才也，宜置第一。」且庋其卷左右，以俟揭曉。未幾，同列有謂王君南人，不宜居第一。欲屈置第二，且虛第一名以待。考者曰：「吾儕較藝，以文第其高下，豈分南北耶？欲屈置第二，寧棄不取耳。」争論累日，終無定見。揭曉期迫，主文乃取他卷以足之，王君竟在不取。揭曉之日，考官自相訟責，士子交相愧嘆，曰：「王君下第，如公論何！」乃議舉王君爲宣文閣檢討，而王君已飄然南矣。

冬十二月，余過錢塘，與伯恂會於旅邸，則已循常調，受温之瑞安學正，趣裝而行矣。顧謂余曰：「學職雖卑，微禄足養，庶幾遂吾讀書之志也。」予聞而益敬之。夫伯恂始以下第受屈，名動京師，終無怨言，安義命也。受一校官，捧檄而喜，榮養親也。其進退亦可謂合於道者矣，得失禍福豈能動其中哉！它日造詣未易量也。近世科舉之士，用心得失之間，得之則沾沾以喜，失之則戚戚以悲，至於皓首窮經，終不聞道，甚者喪心失志，亦有之矣。聞伯恂之事，寧不少愧乎？因其行也，序而送之。庶有聞其風而感悟者，是亦吾黨相勸爲善之道也。

送畫者邵思善遠遊序

休寧人邵思善，以給事其縣大夫吴興唐侯，即唐子華。日侍筆硯，於丹青蓋有得也。今將遠遊四方以廣其見，徵余言以壯其行。或謂：「新安山水窟，大好之稱著於昔代。欲知山水之妙者，舍吾新安何往哉？」余曰：「斯言之惑，邵生之所以遊也。夫天地之大，幅員之廣，四方之山川無或同也。巴蜀之山峭拔而水峻急，江漢發焉；吴楚之山秀麗而水渟滀，五湖在焉；齊魯之山多特起，衆水所歸，東海會焉；幽燕之山多綿亘，水皆支流，灤、潞夾焉。畫者，與山水寫神者也。苟非遍歷四方，盡其態度而窮其情性，則生於巴蜀者不知其秀麗渟滀，生於吴楚者不識夫峭岥峻急，其何能以盡山川之妙哉？邵生是行，收攬山川形勢，以爲胸中丘壑。他日來歸，閉門解衣盤礴，不出環堵之間而盡天下之勝，皆自此遊得之也，豈獨司馬子長之文章爲然哉！」

贈吴雲隱序醫者

任賢使能者相之功，使貪使智、使愚使勇、使功使過者將之良也，惟醫之道則兼而有之。參苓朴术保養於平時，使邪氣不能以干其正，而元陽壯盛，萬病不生，比於任賢能而致太平之治。至於衆病交作，虛者補之，實者瀉之，巴豆、大黄，責以攻伐，官桂、附子，資其糧餉，是猶十萬之兵，雖有貪愚、智勇、功過之不同，而能使之取必勝於創殘百戰之餘，置天下如磐石之固者，則一而已。然將相之與醫，雖有貴賤之殊，而其能否又豈相遠哉！

雲隱吴君，以方外士明醫，善用藥，得保養補瀉之法，持此術濟人江海間。予體羸而氣弱，素多病，病輒問醫。問之以將相事，不愕以驚，即呀然笑曰：「是何子之迂而言之拙，擬人之不以其倫也！」他日以問雲隱，獨能應吾言，知於醫有得也。因其有請，書以贈。

荆山鄉飲酒序

古有鄉飲酒之禮，而今亡矣，俗安得知有敬讓，民安得興於孝弟乎？夫鄉飲酒者，所以教民敬讓，使之由乎孝弟者也。故孔子曰：「吾觀於鄉，而知王道之易易也。」雖然，古道邈矣，古禮廢矣，古人不可作矣。有能因其俗之所近，行之而不倍於禮，君子斯亦與之而已矣。

邑東坦頭汪氏，以每歲暮春率其鄉人子弟，携尊俎，載酒殽，會於荆山惠果之精舍。酒行既畢，分韻賦詩，且名之曰「鄉飲」焉。所以合朋友之情，講鄉里之好也。既，復介予友曹志行求予序所賦詩。予掩卷而嘆曰：鄉飲酒之禮，其廢久矣。此舉豈非因其俗之所近，行之而不倍於禮者乎？使其鄉之人知古人之爲鄉飲酒也，非專爲飲食也，賓主有揖讓之儀，樂歌有出入之度，聽政有坐立之分，籩豆有多寡之數，其義各有在也。其於酧酢之間，議論之際，尊者所以語其卑，老者所以告其少，必有以明乎敬讓之道，而發其孝弟之心，則亦庶乎其可矣。至若以飲食相夸，笑語相下，不知本乎敬讓，止乎孝弟，甚者沉酗無度，流蕩忘返，則亦世俗之所樂，君子之所當戒者，非予之所望也。曹君其試以吾言扣之。

鄭氏石譜序

鄭姓居歙，號稱繁衍，以姓名村者四五處，然村自爲譜，不能相通。按吾家譜，始遷自睦，居城北之栗村。歷數世，又遷城西之官塘。高池府君始遷今居，世以孝悌力田相遺。四傳至楓樹府君，生産益饒，遂以貲雄其鄉。國朝至元初，先大父以全城之功出宰鄉邑，殁而民思之不忘，朝廷列之明祀，號「鄭令君廟」。先君子繼武入仕，官至休寧縣令，以操行著聞，學者私謚曰「貞白先生」，有司表所居爲「貞白里」。玉也不肖無狀，重以群從單微，不足以承先烈。且見世之宗族服屬既盡，尊卑遂紊，貧富不等，利害相凌，不知其初爲一人之身也。迺取高池府君而下，至族之曾孫，凡十五世，輯爲此圖，刻之先大父墓碑之陰，使我子孫苟知泝流尋源、尊祖睦族之義者，庶幾有所攷焉。嗚呼！能以高池府君之心爲心，則一人之身而已，豈有百數十人之殊哉？豈有紊亂欺凌之患哉？後之人尚勉旃！至正十有五年歲在乙未十有二月朔，鄭玉百拜謹識。

記

見梅堂記

唐仲敏以「見梅」名其所居之堂，而謂予曰：「吾居旁山，植梅於其麓。先大父以『梅癯』自號，著見所愛矣。火于乙未，梅亦燬焉。自是不見者三十有二年，雖屢植而弗茂也。迺泰定丁酉，所植始華。予以見之爲喜，思先祖之不可得也，因以名之。」

予謂人生於父，祖者，父之所自出也；物始於春，梅者，春功之始著也。見梅而思其祖，感於物者深矣。請更進而論之，可乎？《復》之爲象，一陽生於五陰之下，聖人之贊《復》則曰：「復，其見天地之心乎？」夫復非天地之心，而足以見天地之心者，天地以生物爲心，復者生物之始也，故足以見之。今夫一陽初動，萬物未生，未有聲臭氣味之可聞可見也，而生生之機兆矣。是非天地生物之心可見者乎？朔風號寒，同雲密布，群芳謝，千林凋，嚴凝肅殺之氣極矣。梅此時見之，是非《復》之爲象乎？故予於梅，則曰梅其見《復》之爲象也。嗚呼！觀《復》而見天地之心者，聖人之於《易》也；見梅而知《復》之爲象者，予於敏仲之堂也。良宵夜静，風清月白，濃霜既降，殘雪未消，敏仲持《周易》一卷，焚香坐堂上讀之，當見予所見。

亦政堂記

鮑觀兄弟久從予遊，孝友之譽聞于鄉里。亂後，築堂以奉其親，請名於予。予取夫子之語，名之曰「亦政」。復請予記，未暇作也。及予拘囚郡中，就死有日，觀拜且泣曰：「諸生遊先生之門，莫不獲文字之寵，他日尊所聞，行所知，猶侍左右也。觀不得一語以自警，死且不瞑，子孫將有遺憾焉。先生幸哀之！」予告之曰：「子之奉親而居是堂也，父父子子，兄兄弟弟，夫夫婦婦，刑于家而化于鄉，是亦爲政而已矣，奚必食君之禄，治民之事，而後爲爲政哉？子兄弟其勉之，斯爲不負予之教矣。」觀弟名偕。其尊府君名葉，字君茂，蓋老友云。戊戌七月二十五日某記。

廟嶺磨崖記

歙人鄭玉，其祖、父皆爲縣令，玉獨不願仕，築室里之師山，以耕釣爲業。年四十，自卜葬地于休寧之廟嶺，營其竁，俾死則啓而瘗之。復記歲月，刻溪上云。

晴旭樓記

從兄陳壽卿，與玉同出曾祖，先叔祖以陳氏，始異姓焉。其家在城之西偏，嘗於所居之南向東山作閣，使玉請名於鄉先生王公仲履，題以「晴旭」，且爲賦詩。字與詩具藏陳氏。又嘗屬玉作記，今十年矣。吾兄已隔幽顯，記尚未作。姪禮復以爲請，予爲之感今思昔，泫然流涕，抱禮以哭曰：「吾尚忍記斯樓耶？晴旭，曉日也。日之初升，天地開明，萬象昭然。猶人之一身，平旦之際，事物未接，氣體清明。苟能因是以充之旦晝之間，不至梏亡，則人欲净盡，天理流行矣。此王公名樓之本意也。予聞泰山之巔有日觀焉，予嘗欲買扁舟，具杖屨，至齊魯之故墟，登泰岱之絶頂，收浩氣於清夜，覩旭日於扶桑，以廣夫平日之所見。然後歸卧樓中，讀先世之遺書，考往哲之成法，斂之於吾身，驗之於行事，以養乎平旦之氣，庶幾乎晴旭之功。而吾兄九原不可作矣，能從我者，非汝而誰？」禮拜且泣曰：「叔父有言，禮聞命矣。」遂書而授之。後至元六年庚辰歲春三月望日，鄭玉記。

題西山釣石

余素愛靈山之勝。及拘囚郡中，鮑伯原之子葆又爲言近得西山釣石，欲爲余築草堂其傍。余且就死，不暇往觀矣。乃俾刻其事石上，以遺後之好事者，使有所考焉。戊戌七月二十五日，鄭玉題。

黄山湯池題名

邑人鄭玉子美，舊嘗讀書山下寺中，後遷紫陽南阜，遂耕師山之陽，釣于岑山之陰。久而天子知名，出内府酒帛，遣使者以南，招玉爲翰林待制。玉以德凉辭辟，不獲，乃從使者至海上，以疾而返。復遊山中，訪尋舊館。時喪亂之餘，半已煨燼，獨川流山峙，不改依舊。乃浴湯泉，題名石上而去。時侍行者，吴訦、胡焱、鮑觀、鮑禧、謝真保、吴陽復。有元至正十七年春二月辛未，鄭玉題。

師山先生遺文卷之二

論

季札論

唐、虞禪，夏后、殷、周繼。《春秋》兼帝王之道，可以子則子，可以賢則賢。然與子者必先於立嫡，與賢者則在於得人。苟合其道，雖百世傳子，《春秋》不以爲私；苟有其德，雖受人之天下，《春秋》不以爲泰，貴於得宜而已。

王僚之弑，由季札之讓也。初，吴壽夢有四子，長曰諸樊，次曰餘祭，次曰夷末，次曰季札。壽夢賢季札，欲立以爲嗣。札辭不可，後立諸樊。諸樊既除喪，則致國於季子，季子又辭而去之。諸樊乃舍其子以立弟，約以次傳，必及季子。故諸樊卒而餘祭立，餘祭卒而夷末立。夷末卒，季子終不受命，辭位以逃，立夷末之子僚。僚既立，諸樊之子光曰：「先君所以不與子國而與弟者，凡爲季子爾。將從先君之命，則季子宜有國也。如不從先君之命，則我宜立，僚烏得爲君！」於是使專諸刺僚。季子始而父立之，於次爲幼，辭而不立，是蓋以天倫爲重，未爲過也。及夷末卒而復立季子，則父兄之情亦至矣，群公子之賢不肖亦明矣。以季子之賢，嗣位君吴，以成父兄之志，以靖國家之難，乃爲合於時中爾。既不能取法季歷之興周以安吴，乃附子臧之末節以亂國，斯爲過矣。至於王僚見弑，討賊之責，季子尤所當先，乃曰：「苟先君無廢祀，民人無廢主，社稷有奉，國家無傾，乃吾之願也。吾誰敢怨？哀死事生，以待天命。非我生亂，立者從之。」此亂臣賊子無君父之言也，豈可出於季子之口哉！觀光將弑，謂專諸曰「事若克，季子雖歸，不吾廢」之語，則季子爲國輕重亦可見矣。季子然問：「仲由、冉求可謂大臣歟？」子曰：「可謂具臣矣。弑父與君，亦不從也。」今季子而曰「立者從之」，曾由、求之不若，又何敢望其如孔子之沐浴請討，以正邦刑哉！然則變父兄相讓之風爲君臣相弑之禍，斯實季子之罪也。雖不與乎弑，有以成其弑矣。原其初，不過守匹夫之末節，失君子之時中爾。

先儒謂《春秋》書國以弑者，當國之大臣之罪也。吴之大臣，舍季子將誰歸乎？夫子之意，蓋罪季子也。讀者不可不知。

辯

義田辯

頃見友人洪君實《書范文正公義田記後》，謂：「再嫁者濫有三十千之予，疑出范公一時處置之未定，非斷然欲爲萬世法也。錢公輔之爲記，又不能諱其事，而必以實書。本欲彰公之盛德，反以出公之瑕疵。乃删定其文而去此一語。」予初見之，擊節嘆賞，謂范公復生亦當服膺此論。後細思之，始知其爲不然。夫「再嫁」者，當是族人之嫁次女，故視長女有殺焉，非謂改適人者也。蓋族人之有女，多寡不同，而與之者務欲均一，此仁人君子之用心，而非常情之所能及也。故其文義不曰「改」，而曰「再」者，則再嫁爲嫁次女無疑矣。女人以貞一爲賢，改行易節，古所不齒，而謂范公於斯人有取乎？況公平生擬而後言，議而後動，雖流離顛沛，未嘗有差。而立朝事君，始終一節，語默動止，皆可爲人之法。義田之舉，公自微時即有志矣。及爲西川，參大政，始有禄賜之入，以終其志。是則終身所爲素定，而有謬乎？矧再嫁，人之大倫，公於小物且不遺，而謂於此有謬乎？吾故以爲再嫁是族人之嫁次女，無疑也。然則范公百世之儀表，錢君一代之名人，其必有説矣。且先儒於著書，有疑則曰「某字當作某字」，而不敢輒易本文。君實删定之説，恐乖古史闕文之旨。是爲《義田辯》。

説

朱氏鷄哺母説

唐州翼千户朱侯家，三鷄雛共哺其母之病而翼覆之，衆以爲異，徵説於余。余謂人物之相感有如此者，《易》謂「信及豚魚」，《書》云「百獸率舞」，豈虚言哉！雖然，慈烏反哺，羔羊跪乳，性則然矣。鷄稱五德，孝不與焉。鷄而能孝，斯其所以爲異也歟？夫董生之鷄，陳氏之犬，禀性豈獨異於群類哉？實由其主人之德薰陶浸漬，與之俱化而不自知耳。然天之所以爲此者，亦欲以爲積善禎祥之應也。侯以今上皇帝潛邸舊臣，起家爲千夫長，俸禄之入，猶及養其慈親。入厨具甘旨，上堂問起居，真有如昔人所云者。宜其家生祥下瑞，有如此也。世之事親而能盡其道者，聞侯之事，固足以爲勸矣。事親而不能盡其道者，豈不有愧於侯之鷄乎？余也不幸，早失怙恃。及有負薪之能，已無負米之樂。履秋霜而永感，思昊天而罔極。雖欲爲侯之鷄，已不可得矣。因爲上下其義而爲之説云。

李進誠字説

盈天地間皆誠也，而不見其所以爲誠者。惟不見其所以爲誠者，故無往而非誠也。今夫昭昭者天也，而四時之行無不誠，故春生而秋殺。靈於物者人也，而四端萬善莫非誠有，故惻隱、羞惡、辭讓、是非之心，孝弟忠信之行，發而不可遏也。自是而推之，一草一木之生長，一動一静之消息，亦莫不誠。況學者之爲學，其可有一毫之自欺而不誠乎？不誠無物，誠則實有諸己，而樂莫大焉。《中庸》云：「誠者，天之道也。誠之者，人之道也。」其以天人對言之者，以爲學之次第言之也，及其成功，一也。是故聖人者，形雖同於人，而心則純乎天也。而聖人亦非有異於人也，衆人去之，而聖人獨存爾，所謂天道也；君子則求所以存之也，所謂人道也：是之謂誠。

李生友諒，字進誠，蓋取朱子《集註》語也。雖然，所謂「友諒則進於誠」云者，特爲學之一端，而誠之一事，亦猶曰「以友輔仁」云爾。必如前所云者，乃爲學之極功，而誠之全體也。但自學者而言，不因其近且小者教之，而使之識其端倪而推廣之，以求進夫是域，而遽以全體語之，則將浩瀚無涯而不知所適從矣。是教人法也，是名、字之意也。進誠其自彊不息，益加誠之之功，將親見其所以然者。是則如魚飲水，冷暖自知，又在言語之表，而非吾説之所能及也。

弟璉名字説

玉生十有五年，先君子命名以易其小字，而祝之曰：「珪、璋、瑾、瓚，各適於一用，而不能相通。玉者，璞也，將無所用而不可也。玉乎，玉乎，汝其勉之！」後十有九年而先君子即世，又三年而玉除喪。於先德無所肖似，深懼夫不能入於君子之域，而將爲小人之歸也。名其弟璉，而告之曰：「夫先君子之名予也，蓋將望予以不器也。今予齒長矣，非唯不能不器，而且將無成器矣。顧生何面以入家廟，死何辭以及黄泉乎？而尚忍名汝也耶？雖然，名者，父兄之事也。予不名汝，烏乎名汝？」廼見於廟，請于先君子而名之，且字之曰「希貢」。昔者端木氏問於孔子曰：「賜也何如？」夫子以瑚璉答之。先儒謂子貢雖未至於不器，而亦器之貴且重者歟？「予之名汝也，蓋責之以學子貢之事也。子貢之多言，不可學也；子貢之貨殖，不可學也。晚而得聞性與天道，豈復貨殖多言之子貢乎？蓋其聞一知二之資，積以歲月之久，多學識之之惑，卒歸一貫之功。故自顔子以下，一人而已。其豈無可學者乎？汝之資質遲鈍，必千百昔人之功，而使庶幾或冀其可進也。不然，負先君子之教者，非特予也，汝且不免矣。」

洪元白字説

洪生名采，先友王公仲履既字以「元白」而爲之序矣。他日予過其家，元白復請字説。廼爲之説曰：王公之説，蓋本於記禮者之言也。《記》曰：「甘受和，白受采，忠信之人，可以學禮。」夫欲學禮者，必先有忠信之質，則禮不虛。道繪畫，必先布粉素，而後可以施五采；調羹者，必先有甘甜，而後可以加五味。故甘非和也，而可以受和；白非采也，而可以受采。雖然，甘而不加之味，吾見其日流於漓而已，未見其能和也；白而不加之色，吾見其日入於緇而已，未見其能采也。忠信之人之於禮，雖有其質矣，其可恃其質之美而不加之學乎？采之本白，生固有其質矣。白之能采，豈不有待於生之學乎？此則予友之未發者，生其勉之！

師山先生遺文卷之三

表

爲丞相乞立文天祥廟表

臣竊惟綱常乃國家之大本，忠義爲人事之先猷。故武王滅商，首表比干之墓；高祖立漢，即斬丁公之姦。蓋忠邪雖在於前朝，而勸戒實關於後世也。此皆聖主賢君所以維持世教、扶植人心之要道也。伏覩至元十三年，國家渡江取宋。其君后既就臣虜，宗社已爲丘墟。獨丞相文天祥，以亡國之遺俘，立當時之人極。從容就死，慷愷不回。義膽忠肝，照耀日月。清風高節，蕩滌寰區。豈惟作軌範於一時，實可爲儀刑於千古。蓋自生民以來，一人而已。世祖皇帝天縱聖神，既不屈之於未死之前，又復惜之於已死之後。周王、趙祖之心，何以過於此哉！累朝承繼，樂舉褒封；四海觀瞻，以爲敘典。臣竊觀亡金忠臣趙愨，在世祖皇帝時已嘗敕中書傳旨翰林學士王盤撰文刻廟，以褒寵愨。其於亡宋，豈有異制？則知本非朝廷吝夫禮秩，自是臣下失於敷陳。臣比以罪戾流竄江西，所居南安，與吉安相密邇。每與父老談及此事，無不咨嗟涕洟，臣亦爲之感發興起。蓋懿德者，人心之所同好；名節者，國家之所必崇。豈有古今之殊，初無遐邇之異。

茲者伏遇皇帝陛下，德如天地之大，人無不受其恩；澤如雨露之均，物無不被其化。雖臣愚魯之極，亦在陶鑄之中。赦其已往之愆，開以自新之路。召還魏闕，復置要途。每竭忠誠，圖思補報。實以此事係於綱常，欲自我朝著爲令典。如蒙特降聖旨，宣諭中書，俾吏行封，太常議謚，於吉安路立廟，長吏以時致祭。賞罰既明，綱常自定。人心以之而振，世道由是而興。天地人神，同有依賴。其於國家，豈小補哉！臣干冒天威，無任戰慄之至。謹昧死奉表以聞。

書

與丞相書

玉聞士之特立於世，必有奇節異行，夫以聳動朝廷，風示天下；又有高才碩學，夫以經綸治道，康濟斯民。然後可以爲一代偉人，百世之名士也。閣下向以危言直行得罪柄臣，遠違闕廷，久不用，遂得優游翰墨，厭飫典墳。於是二帝三王之所以爲治，周公、孔子之所以爲教，大經大法，莫不燦然明於胸中。上佐堯舜之君，致雍熙之治，下撫億兆之民，成太平之福者，聞有其具矣。蓋奇節異行既已著於立朝之時，而高才碩學又得成於閒散之日。其身雖在江湖之間，其心未嘗一日忘乎朝廷之上也。

比者聖天子勵精圖治，思用舊人，賜還南甸，復爵東曹。天下有識之士，莫不舉手加額，交相慶曰：「善人用矣，民瘼其有瘳乎！」玉所親鮑同仁及同姓姪潛謂玉曰：「方閣下在南安時，嘗謂之曰：『吾寓於此，于今數年，凡閭閻利害，官府得失，亦既粗知之矣。他日北還，得見主上，當備陳之。諸公有所見聞，毋惜裨助，庶爲斯民之福也。』」

玉以爲天下之事，有本有末；國家之政，有重有輕。舉其本而末自脩，先其重則輕自理，此爲治之要道，用力少而成功多也。何謂本？綱常是也；何謂重？忠義是也。夫朝廷既重乎綱常，臣下必盡乎忠義。忠義既盡，官得其人，人盡其職，天下不治，玉未之聞也。亡宋丞相文天祥，以亡國之遺俘，爲當時之柱石，從容就死，慷慨不回，此乃國之忠良，人之儀表。我國家承平已久，所合褒崇，以示獎勸。閣下自江西而還，言之急且大者，豈有過於此哉？玉，山林一書生也。胸中雖有忠言讜論，所處貧賤，無由自達。每因躬耕之暇，讀古人之書，見前代豪傑忠貞之士，輙想慕其風采，恨不與之同時，相與上下，以一吐胸中之所有。今幸與閣下生同盛世，姪潛又嘗以賤姓名達於左右，此而不言，則爲失人矣。故不避僭踰之罪，以其本末繕寫成文，因友人程文謁選之便，冒昧呈達，以備採擇。斯言也，惟閣下能聽之，亦惟閣下能言之。倘因顧問，獲以上聞，得賜俞允，豈惟蒼生之幸，實宗社所恃以爲億萬斯年之福也。區區拙文數首，姪潛向嘗録去，不知達否？今合近作數首，再寫奉呈，或於清議有所助焉。如蒙采覽，不勝榮幸！干冒尊嚴，無任戰慄之至！

與汪真卿書

曩歲同學時，某懵然未有知識，日用心句讀文詞之間而無有得焉。每聞吾兄之言，輙斂容起敬，自以爲非己可及。别去七八年，竟不得一見。而某優游厭飫，爲日既久，若有所得，及以前所聞者讎之，往往不合。乃知道理在天地間，非真積力久，心融意會，不可恍惚想像，以人而遽爲去取也。

夫古之時，家家稷、契，人人皐、夔，比屋有可封之俗，所言者無非理，所行者無非道。逮德下衰，人心淪没，始以道寄聖賢。凡民雖日由之而不自知焉，甚者逆常亂倫，而不能由於是矣。况自孟子没，《詩》、《書》出秦火中，殘壞斷缺，無一完備。重以漢儒章句之習，破碎支離；唐人文章之弊，浮誇委靡。雖有董仲舒、韓愈之徒，或知理之當然，而終莫知道之所以然。故二氏之學，得以乘隙出入其間，以似是而實非之言飾空虚無爲之説，誘吾民而法之。上焉者落明心見性之場，下焉者惑禍福報應之末。而吾儒之徒，無復古人爲己之學，徒以口舌辯給，而卒不能以勝之。使天下有目如夜行，有耳如聾聵，其士者如飲而醉，如病而狂。如是者千四百年，真元會合之氣散而復聚，於是汝南周夫子出焉。因《太極圖》而使人知理氣之並行，著《易通書》而教人以明誠之並進。河南兩程夫子接蹟而起，相與倡明之而益大以輝。斯道斷而復續，晦而復明。至吾新安朱子，盡取群賢之書，析其異同，歸之至當，言無不契，道無不合，號集大成，功與孔孟同科矣。使吾道在宇宙，如青天白日，萬象燦然，莫不畢見。如康衢砥道，東西南北，無不可往。如通都大邑，千門萬户，列肆洞開，富商巨賈，輪輳輻集，所求無不可見。而天地之秘，聖賢之妙，發揮無餘蘊矣。

然自是以來，三尺之童即談忠恕，目未識丁亦聞性與天道，一變而爲口耳之弊。蓋古人之學，是以所到之深淺，爲所見之高下，所言皆實事。今人之學，是遊心千里之外，而此身元不離家，所見雖遠，而皆空言矣。此豈朱子畢盡精微以教世之意哉！學者之得罪於聖門而負朱子也深矣。况《中庸》之德，過與不及，均之爲失。楊朱學義而至於爲我，墨翟學仁而至於兼愛，末流之禍，無父無君，可不畏哉！吾黨今日，但當潛心聖賢之書，視之如軍中之羽旄，如喪家之功布，進退俯仰，一隨其節，久而吾心與之爲一，自有得焉。不可先立一説，横於胸中，主爲己見，而使私意得以横起。庶幾防邪存誠，雖有小失，隨時救正，不致大謬。如此死而後已，以冀於道可入。

又近時學者，未知本領所在，先立異同。宗朱子則肆毁象山，黨陸氏則非議朱子。此等皆是學術風俗之壞，殊非好氣象也。某嘗謂陸子静高明不及明道，縝密不及晦菴，然其簡易光明之説，亦未始爲無見之言也。故其徒傳之久遠，施於政事，卓然可觀，而無頽墮不振之習。但其教盡是略下功夫，而無先後之序，而其所見又不免有知者過之之失。故以之自修雖有餘，而學之者恐有畫虎不成之弊。是學者自當學朱子之學，然亦不必謗象山也。此皆以其知而言爾。至若行之之方，以敬爲主，則不放肆而自心廣體胖；以謹獨爲要，則工夫無間斷而自强不息。雖聖人之純亦不已，皆由此進。高明以爲如何？

草草，希照不宣。

與洪君實書

所假《皇甫集》，連日細看，大抵不愜人意。其言語次敘，却是着力鋪排，往往反傷工巧，終無自然氣象。其記文中又多叶韻語，殊非大家數比。當時文人如劉禹錫，乃謂皇甫湜於文章少所許可，亦以退之之言爲然，其見推重如此。流傳至今五六百年，其不朽又如此。疑古今人文章，顯與不顯，傳與不傳，蓋有命也。

亟欲造公劇論，又有社燕秋鴻之避，人生一聚會良難。豈天尚厚於斯人，未欲我輩遽議之耶？

便道因得下老泉床下之拜，亦了平生一事，但「楓落吴江冷」，令人憒憒耳。此老獨學無友，多出己見。山林間如此等人，以管窺天，以蠡測海，與草木同腐者，萬萬也。可惜！可惜！至著述之作，惟日孜孜，斃而後已，則大非吾儕可及。

出示《春秋集傳》，首論「春王正月」，以爲周時周正，且謂春者陽之首，周人以建子爲春，卯已屬夏，午即爲秋，乃陰之首。此説大謬，蓋四時之行，三代共之，如四端四德之不可易。先儒只有改正改月之異已是紛紛，今并四時亂之，益啓後人之惑。且世無此理。《書·文侯之命》已傷周之衰，《費誓》有望於魯者深矣，《秦誓》則知秦之必王也，却與鄙見相符。又《周禮》斷非周公之書，成於漢儒之手，亦恐太過。蓋皆是不□□而取決先儒，謂非聖人不能作也，但恐是周公未成之書耳。

略述一二請教，餘俟面究。不宣。

答童一清書

近如於潛，遊西天目，見子厚簿書，説深渡連日合并之樂，便令人恨當時不得參坐其間，與之論説爲快。歸途，胡孟成又言足下好學，願相見之意。及來府城，不多與人交往，獨伯亮公子日夕相追隨，不忍舍去，亦言足下字畫之妙，追近鮮于伯機氏，益用戀戀。然則僕之知君，徒以數公之賢；君之知予，又未必不自三君子之過許也。兹者專人惠書，深慰平生。又知嘗一造南山，不得相見，悚息無已。且有歲晚來讀書之語，此意甚好。近世如此等不多得，何幸今得足下！

然足下生長東州，實士林之地。余往年嘗留淳安，見其間深山長谷，多先生長者，因就學焉，而有所得。則余之學也，亦淳安之學耳。今因執事而詳陳之。僕於朝陽，則師之矣。大之、君實，則友之者也。蓋學問本朝陽，而文字與大之相表裏，君實又往來討論，贊襄之力惟多。如是者兩三年，而後僕於學問之淵源、文字之關鍵始略識其一二。顧執事居其所而識其人，欲以學問而窺聖賢之域，文章以求古人之歸，乃不於是焉取，而於僕焉問之，是舍本根而論枝葉，不知五穀之能養人，而謂山殽海錯之利於口也。足下試歸而求之，當知余言之不妄。所寄之篇，竟不見，到後便或因録去。

與鮑仲安書

玉啓：綱常不明，人類幾滅。近世有遭妻之喪而欲與之俱死者，其親聞之，至欲先死，幸賴親戚救解而免。斷髮殘身，又其次也。此蓋知五常爲人倫之重，而不知三綱又爲五常之重也。夫以五常而言，則夫婦居其一，與之同死生可也。以三綱而言，則夫爲婦綱。婦爲夫死可也，然亦必要死得是乃可。夫爲婦死，易天地之位，失輕重之權矣。况貽親之憂，己死則親必死之，不孝之罪，又孰大焉？而夫婦之間，或發於情欲之私者乎？毫釐之差，禍流族滅，可不懼哉！此學者所當明辯而審察之也。且如遭妻之喪，幾致滅性，他日又何以居親之喪乎？大凡取友，有可交者則交之，至於無人，則上交千古，下求知於百世之後可也。又豈可以無友之故，輙與人交，不成輔我之仁、成我之德，適足以爲我之累，亦所當戒也。不識賢友以爲如何？相望既重，相責亦深，諒能察此，不多訝。玉再拜。

與程以文帖

玉再拜應奉相公以文先生尊兄：玉二月游黄山，從行者三四十人，二童子抱琴持綸，歌詩前導。玉黄冠野服，出入山水之間，真若神仙之臨乎人世。所欠者，尊兄同行耳。留寺中十餘日，題名刻石而還。此黄山前古所未有也。尊兄聞之，寧不爲之動山林之思乎？南歸之約，去冬既未得遂，得代即行之説，今冬須當如約也。會聚之樂，豈惟小弟思之，師山今兩山之神日夕望之。❶近得呂亞珉書，知尊嫂以下安好。及孟成兄來，又云招隱山房已有次第。然尊兄之歸，只留歙縣與小弟同住，却不必回婺源。蓋婺源今次凋弊特甚，又隣境時有警報，不能安居。况此間士友思慕之切，亦不容尊兄去也。吾二人者相與老此，又何不可乎？更近得上南孤山作儉德山房、賁趾齋，翰林泉作卧龍精舍，儘足優游也云云。謝仲悦便草此，不備。玉再拜。

與逢辰拱辰

我兄弟孝友終身，卒全節義。兄死報國，弟生保家，此萬世法程也。逢辰、拱辰，宜守吾兄弟之志，益篤

---

❶「山今」，疑當作「岑」字。

孝友之風，如浦江鄭氏，豈止吾地下之榮，實吾祖宗之榮也。勉之！勉之！戊戌七月二十五日。

與族孫忠

我之死也，所以爲天下立節義，爲萬世明綱常。應在親族，所宜自勉。爲臣盡忠，爲子盡孝。以不辱爲親爲族足矣，又何必區區悲慕邪？族孫忠，自幼相從師山講學，故特書此以遺之，使以此意告夫宗族焉。

戊戌七月三十日鄭玉書。

屬王季温刊春秋闕疑

婺源王季温，初從其鄉先生程君以文遊，已而以文先生俾助教于師山。出則講授諸生，入見予，執弟子禮惟謹。相從五六年，交游同骨肉。戊戌七月，復自婺源來，且知以文先生已南還，留寓越中。適會予被擒入郡，自始拘囚，至從容就死，未嘗一日相舍去。因告之曰：「予所註《春秋闕疑》幸已脱藁，若夫梓而行之，是則諸生之責也。且予始與程先生同講學，而所見無大異者。是書之成，擬從先生質正之，而予且死，不得見矣。他日先生歸，季温幸以此告之，爲序其端，使天下後世曉然知聖人作經之旨，與予著述之意，以慰吾地下之望，是則季温之責也。」故書以遺之。是月廿五日，鄭玉書。

題跋

跋太極圖西銘解後

爲學之道，用心於枝流餘裔，而不知大本大原之所在者，吾見其能造道者鮮矣。周子《太極圖說》、張子《西銘》，其斯道之本原歟？然《太極》之説，是即理以明氣，《西銘》之作，是即氣以明理。太極之生陰陽，陰陽之生五行，豈有理外之氣？天地之塞吾其體，天地之帥吾其性，豈有氣外之理？然則天地之大，人物之繁，孰能出於理氣之外哉！二書之言雖約，而天地萬物無不備矣。

婺源胡季時，因朱子所註諸書，表二書而出之，且發明朱子之意而爲之解，其亦知爲學之本原者歟？嘗出以示予，屬予題其後。今五年矣，未有以復其命也。因閱家中故書，復見季時所著，伏讀之餘，因書所見如此，將以質於季時。

題石鼎詩卷後

齊君子和携其從子伯善《石鼎詩卷》屬余賦詩。開卷讀之，則吾友程太史之詩在焉。太史蓋衡山道士之流也。卷留山中半年，累嘗入思，每營度欲出口吻，聲嗚益悲，操筆欲書，將下復止。余蓋侯喜之不若也。喜謂願爲子弟，不敢更論詩。余又敢詩賦邪？但道士便旋，怪久不返，應在玉堂深處，安得從之游，問其解何書也？至正十一年九月十日，郡人鄭某題。

題朱公士謙告理文公祖塋行卷

先師朱文公，凡其講道蒞政之所，人猶必建立書院，百世祀之，以示不忘，況其祖乎？凡一人一物，曾經先師之所題品者，人猶稱道愛敬，以爲世重，況於其祖先之所藏乎？有人心天理，讀先師之書，行先師之道者，過其廬墓，必敬式之，況忍奪之乎？至於侵凌廢壞，芻牧不禁，雖路人亦爲之泣下，況其族之子孫乎？❶是宜百歲之後，有如士謙者復其廬舍墳墓也。然則士謙此舉，固人情所當爲，而其忍貧刻苦，志在必直，卒遂所志，則人情所甚難也。予病卧田里，士謙將又以其未得直者訴于大府，相過出示此，則鄉先生滕公序引也，故爲書其後。府推歐陽公，文章政事時流第一，使其見之，當無不得直矣。

跋趙子昂字後

書法至唐，精妙極矣。顏魯公字，天下共習之，四五百年，卒莫有得其彷彿者。往時松雪老人號能書，其夫人亦能書，其家子弟無不能書。士大夫争學之，市井紛紛相售，至數字以爲賈，然真贋莫辯矣。吾友鮑仲安，從胡默先生得松雪所書少陵《楠樹嘆》，筆意宛轉，骨肉匀停。觀於此，真贋又若不能相混也。識者必

❶「況」，原作「兄」，今據四庫本改。

有感於吾言。至元後乙卯十月二十四日。

跋山谷字卷後

秦子敬好古雅，多畜名公詩帖，暇日持此示余，蓋山谷道人所書《龍會遍參歌》也。觀其融會佛書，如爐鑄鐵，而筆力遒勁，字勢飛颺，猊虎鬪争，龍蛇變化，莫測去來之迹。是殆日月星辰彰于天，山川草木形于地，而不知孰使之然也。古今人詩句字畫稱唐、宋。唐之盛，詩如李、杜，書如顔、柳，無加矣。至宋元祐、熙、豐間，乃有道人者出，不唯可以追駕古人，遂至兼取衆長，集之一己，可不謂盛乎？嗚呼！近世諸公，詩句如村店酒望，字畫如妓館歌兒，而去古人益遠矣。吾於是卷，蓋三嘆云。

師山先生遺文卷之四

傳

日者堯民傳

予往來錢塘十年，時切切有功名志，欲從高藝術訊之，皆以堯民薦。訪之累日，不知其所。後得明慶寺側，大書揭其門，曰「堯民五星天地盤」。及門，坐問者數十輩，咸以先後進，無敢差。堯民執筆據案，洋洋如有德色，氣岸岸欲凌人，起五行躔度如常法。且曰：某可紆金紫，某死緋，某止命士耳。雖吏部銓曹及格，有所不敢必，堯民許之無難色。薄暮不得便，留八字其家，或一二日，或四三日始辦。因以吾尊幼十餘命扣之，往事亦驗七八。至治三年春，再造焉，其門寂以閉，其室闃以空。問其人，客南廣死，骨阻亂不得歸，家人徬徨無計。余出，而同行者曰：「人之從堯民者，皆欲知吉凶禍福而預爲之備也。今其人乃身亡財散，爲他鄉之鬼而不自測，豈其術之謬邪？抑其人之謬也？」前之從而問焉者皆謬也，中者偶中耳。夫吉凶禍福，有一定數，非人之所能逃者。然則柰何？亦曰居易俟命，夭壽不貳而已。嗚呼！修天要人，趨利避害者舉世皆是也。聞堯民之事，其亦可以少戒矣。堯民姓氏名字不及知，姑著所聞爲傳。

猿鶴主人傳

至順初元，予在京師，客居甚無事，欲訪故人曾澹谷于保定。雲同作雪，車馬不行，道絶人跡，竟不果往。澹谷乃以此時乘輿命駕，訪予所寓，相見絶倒，劇談平生。因問其所與遊者，則曰：「有猿鶴主人，神氣飄逸，志趣清高。身不離乎泉石之間，手不釋乎花木之事。嘯歌終日，以吟詠其性情。倦則徙倚庭除，或枕臂而睡。家藏古今人名書法畫，客至玩弄以爲樂。出酒酧酢，不入夜不聽去。嘗買鶴東海之上，置之家圃。人有自雲南來者，携一猿以歸，割所愛寶玩，百計得之。拍手則鶴舞于庭，長嘯則猿呼于樹。起居飲食，蓋未嘗離乎猿鶴也。因自號猿鶴主人。」予以謂其人何如？」予曰：「密邇保定，去京師不四百里，蓋長安近地，宜其人以功名爲事。乃有主人脱身於富貴利禄之場，寓情乎烟雲泉石之外，不既賢乎！」爲作《猿鶴主人傳》。主人姓李氏，字卿文，嘗仕于朝，光膺寵命，年未四十，即退去不仕。作傳者，南人鄭某。

外家汪氏遺事

外祖汪公諱淑，字德融，新安歙人。新安汪氏，自越國公華以六州歸唐，其後始蕃以大。六邑之間，號「十姓九汪」。衣冠相望，代有顯者，惟公家世不仕。公性坦率，不爲詭異態，遇人無親疎貴賤，一以尋常。好飲酒，終日陶陶，至忘寢食。每飲輒醉，醉輒醒，醒輒又飲，或一斗，或二三斗無筭。又好啗川山甲，先取其血，入酒飲之，乃食其肉。及與其季分財，田取其瘠，屋取其痺，一無所校。人或侮慢，即走避不與競。由是益爲鄉閭所敬服，或以長者目之。外祖妣同里胡氏，柔嘉明敏，所謂「半街胡家」，實甲姓。壽至八十有一，髪漆黑，齒而完。初，先公議昏，衆論摇摇，外祖妣獨曰：「吾女賢，宜歸仕族。舍是，他安所擇？」議乃定。舅氏諱祥翁，字仁甫，善静仁柔，世其家，讀書能文，累應進士試。玉從兄某嘗遊淮西，與舅氏鄉人胡賢同旅，中夜品論其鄉人物之善稱者，且曰：「汪仁甫外無人焉。」蓋一時無心之言，千里至公之論，有如此者，亦足以見善之不可掩矣。内兄二人。長曰某，通濟有材，能處斯世者，不幸竟夭死。今唯其次懋，諸姪劣幼，隻影無儔，家道坐是亦廢。舅母鮑在堂，猶爾强健。先夫人既不可作，渭陽之思，痛切懷抱。謹摭所聞知，爲《外家汪氏遺事》。

銘

瘞梳銘

予一木梳，用之甚久，既壞，不忍棄之，乃爲埋之後園。銘曰：

亂兮汝理，執兮汝通。寒暑十易兮出處汝同，膚裂齒脱兮汝職之供。啓土瘞汝兮以慰我之衷。

唐氏硯銘

新安唐先生家藏古硯，百餘年矣。元貞乙未，郡城不戒于火，屋燬而硯獨無恙，人以爲文字之祥也。郡人鄭玉爲之銘曰：

一拳石兮爲祥，俾翰墨兮增光。出煨燼兮不壞，伊唐氏兮其昌。

贊

汪先生小像贊

觀其衣冠儼然，若拱立乎巖廊之上；容貌蕭然，若放跡乎滄海之濱。故蚤年而憂勤爲國，晚歲而恬澹安貧。意惟所適，情任其真。是之謂退密之老人。

岑山釣魚像贊

顔色憔悴，形容槁枯。昔爲西疇之牧竪，今作岑山之釣徒。出有愧於周家之尚父，處有愧於漢世之狂奴。何當持任公之巨犗，而從事於東海之上乎？

自贊二首

爾貌甚陋，爾才匪長。爾行多僻，爾性大剛。違世忤物，動輒中傷。有客過我，問爾行藏。遠志小草，爾自主張。毋貽林澗之愧，而爲一身之光也。

希孔明徒有其志，學朱子莫知其方。談天論地，都成話枋。登山臨水，遂爲膏肓。或者謂斯人之所造，其聖門之所謂狂也歟？

辭

招隱辭

吕亞珉爲程太史築室山中，余名以「招隱山房」，且爲之辭云：

羌生長兮遐陬，與鹿豖兮爲儔。陸居兮渠渠之厦屋，水行兮泛泛之楊舟。朝采白雲兮遠岫，夜釣明月兮長洲。秔炊兮玉燦，秫釀兮蛆浮。起居兮得以自適，榮辱兮不足爲憂。嗟山中之樂兮，可卒歲而優游。

緊朝市兮地大人稠，擾擾終日兮進取是謀。米珠薪桂兮價莫酧，僦居斗室兮縮蝸牛。得失縈身兮如醉，利害纏身兮如囚。嗟朝市之勞苦，曾何足以淹留。

師山先生遺文卷之五

五言古詩

謝伯亮同子厚過

可人不易致，二妙胡爲來。南山此絶頂，着屐踏崔嵬。許翁不知處，遺跡惟蒼苔。去之五伯載，乃有此奇哉。風平池水静，月上山窻開。筭蕨有真味，几案無纖埃。明朝遂分手，作惡心欲摧。最苦短主簿，一葦竟東回。

過忠顯雙廟

巍巍此雙廟，皎皎兩忠魂。一朝誓節義，千古血食存。孤城日向危，羅雀供晨昏。老弱食殆盡，少壯相噬吞。攻守既有定，死生何足論。豈知有後世，但願唐室尊。死者如可作，尚須起九原。我來一瓣香，再拜祠下門。

汪叔簡過師山不相遇留詩二首因次其韻

讀《書》明執中，誦《詩》存大雅。《樂》以感神人，《禮》以嚴上下。《易》發天地藴，《春秋》誅亂者。是在天地間，神光秘欲閟。後聖相繼作，大將庭户奓。衆人拭目觀，儼立如群墮。嗟我山中人，樵歸成獨坐。六籍在几案，日夕自翻簸。剨然有所思，如得時雨灑。

風日天地和，草木江山麗。有人來幽谷，爲我發神秘。姓氏出汪芒，名字尚簡易。好事每難成，可人不易致。參商發浩嘆，何時一再詣。喜聞車馬音，却掃門前地。見我窻前草，皆是自家意。鳶飛魚躍間，無處不相值。相視竟忘言，乃是樂之至。

七言古詩

遊湖山次汪子盤韻

湖光山色相舒卷，斯遊佳興元不淺。長堤猶以蘇公名，孤山亦託逋仙顯。澗中水落石層出，塢底峯迴路千轉。好句光華動瑶草，斷碑悽愴生苔蘚。誰言泉壑少烟霞，我厭山林有鷄犬。一聲欸乃眼界寬，萬古登臨心地展。茅茨小飲莫遲留，山徑多岐不能辯。遊人争羡竹輿輕，倦客不嫌驢足蹇。遣懷細讀樂天詩，題名欲刻秦斯篆。爽鳩齊景幾何人，寒暑四時迭相餞。

次韻王仲履先生

浙江往復浮輕舸，此事先生曾共我。客中不識羈旅懷，兩月光陰彈指過。身如脱屣喜脱舟，又向沙頭問白鷗。大人堂上動喜色，稚子門前話别愁。練溪渺渺黄山碧，詩情便欲洗塵臆。屋角啾啾衆鳥鳴，樹杪瑟瑟寒風聲。老農自詫窮多藝，况是山田足秋雨。稻粱方割麥苗抽，生意循環寧有已。平生此樂自有餘，何必人間五府居。山中白酒釀初熟，未覺歸來生計疎。

題洪氏舫軒

山人愛舟屋亦舟，山中便作滄海遊。何須風帆冒險遠，東西南北窮遐陬。向來此是荆棘地，今日遂作江湖秋。門前嵐霧靄蒼翠，渾疑江上烟波浮。雲旋日動屋移影，舟行岸轉曲江頭。主人自是濟川手，坐令涉險如安流。復有佳客天下士，作記寫出清絶幽。王先生詩繼二《雅》，五字萬里争追求。徐公翰墨妙當世，夜深光采射斗牛。世間尤物自足貴，安用航海珠玉謀。誰當共此樂朝夕，窻外忘機兩白鷗。

送府判北還

君家嚴正門前土，開門望天才尺五。隣里相繼取郎官，惟我腰鎌穫南畝。君才大似璵與璠，蚤年便作青琅玕。薦之廊廟方小試，如列簠簋尊罍間。四方萬國咸混一，語言不通煩鞮譯。君善國語能國書，奏事楓宸先百辟。宰輔鵷行立殿前，諫官執法繩過愆。至尊都俞可所請，寫作尺一天下傳。考書便合作御史，云何低回州縣裏。固知天降大任人，使察民情知治體。三年出佐此山州，相忘勢分日與遊。嗟予久不入城市，時勤馬跡臨荒丘。君今考滿當入覲，宰相賢明天子聖。九重側席待英賢，會向朝端拜新命。

五言律詩

次韻胡叔仁盧坑道中

感慨盧坑事，何情到酒盃。雨過山徑濕，風静野花開。發我臨流嘆，因君陟岵來。白雲長在望，誰與賦歸哉。

黟坑橋亭次以文韻

擢筆題高柱，披襟挹好風。剖瓜蘇渴客，採藥識仙翁。飛鳥連雲白，幽花點水紅。相從問歸路，疑悮入崆峒。

又

結屋依山麓，衣冠尚古風。醉人千日酒，扶杖百年翁。雲起山松緑，風迴野燒紅。誰云避世者，猶自在崆峒。

大人壽詩

壽相挺奇骨，精神炯兩眸。常爲官府計，不作自家謀。德政喧黄口，功名未白頭。人言晏平仲，不辦一狐裘。

又

婉容慚我養，愛子有吾親。今日逢初度，明年又六旬。功名留晚節，詩禮法前人。無屋蔽風雨，有兒能負薪。

送家嚴赴杭

嚴父趨南省，兒曹入北山。極知憂國切，不是愛身閒。定省疎朝暮，功名費往還。無能爲代老，深自愧愚頑。

冬暖

近臘無寒氣，窮山已放梅。龍蛇忘歲晚，草木已春回。不慮衣無褐，何煩爐撥灰。彭城早逢此，當不死郊臺。

寄别黄子厚

連日過從處，清談兩不疑。山中有真樂，餘子未能知。悮在初相識，難爲去後思。幾回明月夜，起坐讀君詩。

南山讀書

愛此南山南，携來萬卷看。曉書窻紙濕，夜讀月華寒。山水心爲祟，功名興未闌。因渠三沼潔，故向此中蟠。

又

不解兒曹事，來尋數畝山。已知非隱逸，豈爲弄潺湲。城郭依稀見，烟雲欸乃間。此時看不盡，留取待予閒。

題皆山樓

萬山最深處，樓亦以山名。山遶郡如障，郡因山作城。開牕排闥入，對坐畫屏横。要識樓中趣，山青眼倍明。

許益之先生挽詩

斯文在宇宙，人道得菑畬。流水無今古，閒雲有卷舒。前言端可識，後死竟何如。鄉里多才彦，千金爲購書。

又

宗朱徧寰海，婺水獨淵源。學悟文辭陋，人知德性尊。丘原今若此，洙泗復誰論。賴有遺風在，能令薄俗敦。

吕孔彰挽詩

學行推先輩，文章淑後生。世情方軟熟，師道喜尊榮。遽謝人間事，空遺身後名。傳家幸有子，時聽讀書聲。

送志道

因君此行役，良有感吾心。兩載曾同學，三餘惜寸陰。江南春已老，渭北水方深。寒鴈來時節，相煩寄好音。

病中寄兄弟

苦熱已無計，那堪與病俱。過從無好客，遣興有新書。世事炎凉態，人生骨肉軀。何當見伯仲，相與問何如。

七言律詩

題天目山

勢壓東南萬象低，溟濛空翠望中迷。龍飛鳳舞川原秀，地下天高日月齊。武肅百年鍾霸氣，文忠千古欠留題。客來欲問青雲路，鑿破崚嶒便作梯。

慈溪觀瀑布

路入慈溪景更幽，共傳潈水在高頭。巖前風捲珠簾細，澗底雷翻雪浪浮。林密日微堪避暑，山深雨過易爲秋。去年曾到非生客，今日題詩紀再遊。

婺源胡氏屏山樓

樓外青山列翠屏，矮牕放入眼增明。丹青花草春描畫，水墨林泉秋寫成。變化四時無俗韻，登臨千古有餘清。高人對此不容語，獨倚闌干看晚晴。

次韻黄竹隱心田設醮

簪插星冠露玉尖，新裁法服彩霞纖。五千道德開黄卷，百萬神靈在黑甜。春展緑茵明别墅，雨將銀竹入空簷。心思幽静丹田暖，姹女嬰兒意自恬。

又用韻寄之

雨餘洗出碧岑尖，春半抽齊緑草纖。富貴視同槐下夢，清閒自得蔗根甜。門前東郊通城市，屋外南山入畫簷。肯學衆人長擾擾，焚香默坐獨安恬。

竹隱携詩過山中不遇三用韻謝之

桃李芬芳笋送尖，化工元不間洪纖。呻吟我獨爲心苦，紛擾蜂應爲口甜。客至山翁纔入市，詩來喜鵲正當簷。平生出處無機事，興盡知君意亦恬。

寄趙雲心先生

泥濘無由問起居，先生爲况近何如。窮居水北鍾聲遠，獨望江南鴈影踈。床笏已空先世物，燈牕且讀後身書。明朝風雨開晴霽，願策長笻過草廬。

遊黄山題祥符寺

十年不到此叢林，問舊堂頭嘆陸沉。石老不知蒼蘚變，山幽惟覺白雲深。藏書有室還當築，伏鼠何時爲指尋。相款尚多耆舊在，相携杖屨與登臨。

師山書樓成唐長孺先生賦詩見寄次韻

居山日夕見山容，環堵蕭然一畝宫。我喜烟雲來几上，人看樓閣出空中。夜深月色偏明朗，曉起嵐光更鬱葱。若比羊裘軒上景，臨江惟欠一絲風。

汪仲魯以詩見寄頗及道理因述鄙見以次其韻

人生學業莫參差，勇進方知得意時。義利路頭須要辯，重輕權度更宜思。好從道理求原本，莫向文辭學蔓枝。自愧平生無所得，聊將鄙語答君詩。

次韻述懷

家住江南黄葉村，繩樞甕牖席爲門。自罹盜賊人傳死，重見交游我幸存。焦土更無遺簡册，供厨惟有舊匏尊。黄巾迎拜何爲者，自愧踈庸不足論。

書　懷

自愧踈庸一腐儒，贅疣天地欲何如。漁樵到處相來往，守令逢時問起居。頭白深知憂國事，身閒且復寄精廬。何時四海收兵甲，還向師山理舊書。

庚寅中秋諸生載酒過師山邀余賞月皆有詩因次韻

照人沙際晚霞明，獨上師山杖屨輕。夜後朋從如雨至，坐中議論欲風生。比來從有登臨興，老去那堪力役征。爲問嫦娥天上事，銀河波浪幾時清。

依稀河漢照溪明，皎潔蟾光着地輕。天上波濤何處起，人間光彩一時生。吹雲元獻當時樂，擲杖明皇午夜征。見説廣寒宫殿裏，霓裳歌罷不勝清。

八月十四夜玩月岑山次鮑伯原韻

夜深雲散碧天開，月影沉沉入酒盃。風露半天成灝氣，干戈滿目起塵埃。分明滄海浮雙島，隱約嚴灘見兩臺。今夕有懷須盡興，明朝無雨約重來。

中秋無月次周彦明韻并懷潘大尹

嫦娥底事苦多憂，獨掩寒門度一秋。明月自知天上好，浮雲遮斷世間愁。舉觴莫阻登臨興，秉燭聊爲賞玩遊。有約不來潘令尹，捍城方欲事吴鈎。

用前韻寄珊竹伯堅

扁舟東下解吾憂，回首歸來春復秋。每憶當時多樂事，番思相見不勝愁。此行久絶城闉夢，何日重爲林下遊。某水某丘俱在望，敲針共作釣魚鈎。

次韻周廉使

鄰封久矣慕英名，况是同爲戊戌生。此日相看成感慨，它時話舊憶澄清。法書端可爲時寶，好句當令坐客驚。能使野人增重處，繡衣扶杖共山行。

極目川原野燒青，深知聖主念生靈。干戈交戰川流血，災異頻書夜殞星。盜賊紛紜身自滅，皇明億萬德惟馨。但看八月秋風起，照夜何曾見一螢。

繡衣暇日訪師山，隱顯如何若是班。野叟相扶覰使節，山猿孤嘯震柴關。俯臨流水滄浪急，仰視飛雲自在閒。荷簣歸來明月好，白沙翠竹碧江灣。

程仁和兄弟過師山歸而賦詩傳至山中諸生和者甚衆且多佳句因次韻二首鼓舞諸生

細雨霏微濕野埃，客過林下履穿苔。高山不用肩輿上，歸路何妨戴笠來。夜後舟師呼渡過，燈前稚子候門開。傾尊共話怡怡樂，緩緩杯行莫要催。

不踏康衢野馬埃，却來石上坐蒼苔。耕田野老牽牛去，采藥仙翁荷簣來。得句有時應自遣，好懷還復爲誰開。亂餘正苦無衣褐，怕殺床頭蟋蟀催。

予還自四明留寓淳安之劍溪徐君士毅將過之爲予築書堂相延講學鮑伯原有詩因次其韻

天遣黄華賜御衣，山人何事苦西歸。不能四海爲霖雨，還向三台作少微。得傍嚴陵徐孺宅，便同練水鄭公磯。他年學子閒來往，兩地相望草木輝。

用前韻示諸生

好風天外拂吾衣，且喜閒身得放歸。澗底水聲雷隱約，山頭霧氣雨霏微。扳緣盤嶺新開路，行到岑山舊釣磯。何日擔簦相聚處，奎躔應自發光輝。

寄祥符諸老

幾回清夢到天都，彷彿何能記有無。白鹿仙人眠不語，青蓮大士笑相呼。風聲月色山房静，澗愧林慚景物孤。唯有塘頭老尊宿，時將機語答樵蘇。

次仲賢明府兄師山雨霽韻

雨洗晴光出翠岑，雲將好月到天心。池涵燈火星明水，樹動笙簧風滿林。臺榭巍巍宜眺遠，闌干曲曲不臨深。掛冠何日歸來好，相共持竿練水陰。

七言絶句

野　菊

巖壑無人採落英，西風時爲送芳馨。只緣落寞空山裏，却是黄花真性情。

遊覆船山宿草堂

眠雲石下屋三間，瀑布當簷坐卧看。怪底巖前龍忽起，夜來風雨不勝寒。
自從結屋此山隈，十載相携幾度來。寄語山公牢着屐，莫教踏破舊蒼苔。

舟　中

舉頭有礙篷如壓，欹枕無眠夢不成。誰道乾坤九萬里，不能着我一書生。

登師山諸生有詩

城上鐘聲度遠溪，扶桑破曙海雲低。披衣欲起還欹枕，山下晨鷄四面啼。
逡巡老境入無聞，曳杖緣山自看雲。書册滿前誰料理，起予日夕正煩君。
山前村落亂高低，雲意模糊遠近迷。萬疊峯巒如畫展，黄山正在小樓西。

覆船山樵歌

行客初登半嶺間，石門深鎖路迴環。若將泉水論高下，應是東南第一山。
右小石門
路入黄茅劍斷蛇，踈籬石磡野人家。山深地冷春難老，五月巖前見落花。
右童家磡
巨靈斫斷此崔嵬，好事題名幾度來。不用碧紗籠石上，但令風雨長莓苔。
右斷巖

歷盡崎嶇上碧岑，高山流水似鳴琴。何須水樂尋幽洞，自有巖前太古音。

右響泉

常憶當年武肅王，金婆店裏月華光。山中十月桃應熟，未薦仙人不敢嘗。

右金婆店

書懷寄節夫

園林正好炫春光，一夜東風括地狂。明日風平春事在，園林依舊自芬芳。

白石巖高入眼頻，慈溪水暖易爲春。平生最愛洪文學，相視何殊骨肉親。

元宵詩用仲安韻

鬪簇鰲山十萬人，皇都今夕幾分春。六街三市渾如畫，寄語金吾莫夜巡。

神前兒女舞妖嬈，社下遊人弄管簫。到處人家説元夕，不知元夕是今宵。

貧家一盌碧琉璃，未必豐年便噬臍。行樂人生如此耳，何須富貴説征西。

元宵正欲盡吾歡，又恨尊前酒易闌。莫笑劉伶墳上土，清名留與後人看。

賞罷花燈步月歸，自將拄杖扣柴扉。回頭形影驚相吊，但覺從前百事非。

天下承平近百年，歌姬舞女出朝鮮。燕山兩度逢元夕，不見都人事管弦。

市上燈張玉井蓮，門前簫鼓更喧天。先生懶向兒童語，閉户高居但欲眠。

蘇　字

未須好古談顔柳，當代争誇趙子昂。寫出眉山元祐脚，世人都道是踈狂。

汪先生岫雲圖六言

雲無心而作雨，人有意而作霖。觀此圖之變化，知先生之爲心。

黄　山

一片巉巖石，幾乎接着天。有時雲氣起，天與石相連。

師山先生遺文附録

賀鄭子美先生受詔命書

趙東山

汸自聞先生被詔命，即欲一見左右稱賀，病甚不能去。此月八日，輿曳至中途，見道路東行皆却走，言苗軍且至。倉卒莫知其實，輙亦引歸。一二日來，訛言甫定，而病復作。恐旬月不能亟見，故敢道其所欲言者以書，先生幸加察焉。

汸聞鄉里之論，有謂可爲先生賀者，有謂當爲吾郡賀者，有謂當受命即行者，有謂先生可毋行者。此四者，非唯不知朝廷之意，抑亦不知先生之心也。國家自世祖以來，不惜高爵顯位以起山林之賢，誠令典也。曩者如汴梁吴彦暉、閩中杜原甫，皆嘗被斯命矣。然則特謂可爲先生賀者，未爲知朝廷也。吾郡先達衆矣，以布衣召入翰林，誠未有如先生者。當四方多故，宵旰求賢如渴，豈無意哉！然則特謂可爲吾郡賀者，亦未爲知朝廷也。若愚則非唯不敢爲先生賀，亦不敢爲吾郡賀，直以謂當爲天下賀爾。前輩謂士大夫惟出處一事不可謀於人，蓋以時義不齊而士之自處者異也。自處者異，則其與人謀也，難乎其適中矣，矧可以輕議哉？然則謂先生當受命即行者，未爲知先生也。昔之以處士徵而不至者，蓋有之矣。若夫言論風旨，漠然無聞，徒使上之人謂賢者不爲世用，而弓旌爲虚器，豈君子之志哉？然則謂先生可毋行，亦未爲知先生也。

若愚則非唯不敢以贊先生以必行，而亦不敢尼先生以毋行，直以謂先生當有以報朝廷爾。

夫天下之大患，莫患於下言之而上不信也。今也士大夫一言而丞相信之，丞相一言而天子信之，此先生所以有今日之命。夫以公卿大夫圖天下事而皆若此，何治平之不易而寇亂之足憂也？其可不爲天下賀哉！且士大夫言於丞相者，必曰「鄭先生唯不出爾，出則天下事可平也」。丞相言於天子亦然。天下事，先生與有責矣，其可不思所以報朝廷哉？夫謂當爲天下賀，衆人之情也；謂當有報朝廷者，先生之志也。公卿大夫不計天下利害者五十餘年，是以至于今日。今其敝事雖多，以先生之明，慮之如燭照而龜卜爾。事固有難於口陳而易道者，古之君子，欲有言於上而遽數之能終其物者，未嘗不以書事之敝者幾何，其所以致敝者何也，救之之道當何如。以先生素所積蓄，出而書之，如辯蒼白、數一二爾。竊謂先生當條列治安之策，極言無隱，通爲一書。如果行也，則以獻於天子；不行，則上之中書。先生言之而朝廷行，天下被其賜，先生雖不仕，猶仕矣。朝廷固無負於先生矣，先生固無負於天下矣。先生言之而朝廷不爲行，而天下不被其賜，先生雖仕，猶不仕矣。先生固無負於士大夫矣，士大夫無負於君相矣。是仕不仕，猶不足計也，而况於行不行哉？昔蘇明允以詔書召試不起，猶且以爲君命不可虚辱，於是有十通萬言之獻。今朝廷之所以待先生者至矣，先生其可但已乎？然則所報朝廷，莫善乎是明矣。果若是，將見先生之道，措之天下而有功，垂之百世而無窮。然則須爲先生賀可也，豈惟天下哉？須爲吾郡賀可也，豈惟先生哉？汸之所以爲先生賀者如此。雖然，非以爲先生慮，不出於此也。蓋欲探先生之志以解衆人之惑爾。若夫可行而行，可止而止，則先生固久定於胸中矣，愚誠不敢贊一辭。

書不盡言，伏惟亮察。

賀鄭子美先生被徵命啓

徐大年

横經講道，方遵白鹿洞之規；側席求賢，不意金馬門之召。光前絶後，騰實蜚聲。昔者明王，莫不以貴而下賤；古之賢士，亦皆藏器而待時。夫潔清高尚，非以釣名；仕止久速，必求合義。若稽前史，具有其人。安車蒲輪，玄纁束帛。或一徵而遂起，或屢聘而不來。周黨、嚴光，竟全高節；黄瓊、楊厚，卒立事功。所志不同，各適其可。仰昭代承平之典禮，尤隱居行義之表章。劉因蒙召於春宫，吴澄登名於翰苑。今來古往，千載一時。

伏惟待制師山先生，規矩前修，範模後學。鍾白水黄山之間氣，得紫陽朱子之正傳。不暇窺園，唯思經史；未嘗入府，絶意功名。近看巖穴之成書，大究《春秋》之宗旨。溉根食實，肆外閎中。康成學貫古今，政爾化行通德；子真躬耕巖石，居然名震京師。受丹扆之深知，來白麻之寵命。置諸清要，俾紬金匱石室之藏；慎爾優游，毋尚空谷白駒之志。比之開廣文館以延禮，與夫賜尚書禄以終身。公家前聞，於馬媲美。然出處之際，惟從容爲難。逃名遯世之節固甚高，潔身亂倫之士亦無取。嶢嶢者易缺，所貴居夷惠之間；屑屑不憚煩，詎致貽往來之誚。以先生講明之有素，必此身進退之得宜。尊生猥辱見知，曷勝贊喜。當時推轂，嘗蒙獎借之言；貢禹彈冠，遂起夤緣之想。第愧南州高士之後，尚如西家愚夫之云。敢措鄙辭，少旌誠意。君臣之義不廢，願推兼善之心；中庸之道可能，勿厲過高之行。式肩此舉，以棟斯文。

御酒師山燕諸生致語

徐大年

伏以束帛賁丘園，舉昭代求賢之典；伐木燕朋友，昭先生推己之心。承雨露於九天，接雲霄於萬里。自昔懷材而抱藝，必加苦節以清修。惟山林之日久，而道德之功深；故弦歌之聲起，而信從之士衆。築精舍以處四方之學者，考遺經而師往古之聖賢，蓋藏器所以待時，而經德非以干禄。考槃在澗，雖云其樂之弗諼；鍾鼓于宫，難免厥聲之聞外。淵源有在，名實自孚。恭惟師山先生，德業弘深，天資英邁。薰陶漸染，復還文公闕里之風；正大高明，突過康成傳註之學。即師山之佳處，建鹿洞之成規。道術天開，生徒雲集。蜀日越雪，不顧流俗之是非；蜾蠃螟蛉，率皆因材而成就。模範方行於後進，聲名遂達於朝廷。天詔丁寧，未金馬玉堂之召；山林震動，增花屏練帶之輝。是惟盛時明揚側陋之心，夫豈諸生先後奔走之力。敢期丈席，嘉惠及門，併分天上之恩光，徧被門前之桃李。旨矣有矣，開黄封之上尊；飲之食之，宴青衿之小子。爰醉流霞之美，悉沾湛露之濃。江公請歌驪駒，誰敢輕踰於師訓；桓榮猥陳車馬，彼哉猶志於功名。爰賦致辭，用貽同志。辭曰：

勝日師山式宴新，九天分送九霞春。諸生莫忘君師賜，四座同沾德澤醇。

送鄭徵君應詔入翰林詩序

至正十五年冬，詔以新安鄭子美先生爲翰林待制。時先生卧疾精舍，使者與郡監守致朝廷之意甚厚，先生堅辭不能拜命者久之。適憲使番陽周公在郡，親勸之駕。❶其門生子弟進而言曰：「今聖天子舉群策以清海内，大丞相集衆思以圖治功。不惜禁苑次對之職，起先生於山林，豈惟以先生業觚翰、攻文章哉？先生學通古今，以詩書禮樂爲教，於史長於治亂興衰之説，正誼直言，不忘憂世。先生不出，如朝廷何？」時先生疾良已，乃翻然曰：「欲報朝廷者，吾素志也。吾將辭官赴召，親見聖主，陳所欲言爾。」即命促裝，諏日偕使者北行。郡長貳、縣大夫與寓公縉紳之士，於郡南門之外設祖道，爲先生别。里中耆俊、文學諸生又相與作爲歌詩，以詠嘆其行。

休寧趙汸病不能陪縉紳之後，又不善爲詩，則獻言曰：先生應詔入朝，得極言天下事，此千載一時也。今爲患者，賊盗而已。自淮蔡發難，延于江湖，所在蜂起，爲禍䐈烈矣。然雄傑怙衆，有名力足以横騖四出者亦無聞焉，視前代中世巨賊不能什一，疑若不足平者。國家以四海全盛之力，命將出師，今五六年，民力已屈而盗猶未息，何也？不舉天下大勢，以定攻守之宜，而所在浪戰；不求智勇之士真可任將兵者，而使臺省貴人與郡縣俗吏紛然群起，共軍旅之權。自軒轅氏以來，用武之世，未有以是而能全師制勝者也。仗

❶「勸」下，原有「爲」字，今據四庫本删。

行省討賊，御史臺督視如平時，而賈兇嚚頑、誅求刼奪之弊，僨軍殺將、反覆壞爛之由，朝廷終無自知之。兵財兩匱，郡縣之間，繁征横斂，一切以矯假病民，而上官大吏方且拘文法，守故常，不思變通長久之道。賞罰者，用兵之大權也。賞罰不明而是非淆亂，天下之士不復以功名自期，而中世以來治安撥亂之術、行軍克敵之方，皆廢不講。吾未知其所以爲天下國家者何也？今群盜大者跨郡邑，小者據一城，植根固矣。苟不盡反前失而欲以歲月削平，安可得哉？爲國家計，欲並兩淮而南，盡江湖之間，求要害形便之地，爲五巨鎮，鎮各屯精兵二萬，選士大夫公廉有威信方略，能撫士愛民，招納降附，可爲大將者，付以一鎮之權，慎簡中外有文武才學者爲之副。凡辟士募兵，刑賞律令，訓練程式，進退節度，土功城守，禁防約束，皆自朝廷考求故事，爲法以授之。郎官博士出入覘視，以資廟謨，而事無大小，皆得專達。列鎮屯軍，屹然相望，脉絡貫通，首尾爲一。内可以尊京師之勢，外可以銷姦雄之心。鼠竊狗偷、進退無據者，將不戰而自服。其尤倔强者，四鎮出兵，掎而攻之，無不破矣。其要在得人而已。郡邑之間，皆什伍其民，以相守護，毋使散越於下。一家而三男子，則簡尤壯一人爲郡守之兵，以大户之税衣食之。郡皆選賢守，以防禦繫銜，各將其兵，以固封圉。蓋郡守必兼有軍民之權，而後緩急可望。不然，雖重其失地之罪，無益也。此制一定，則列郡有備，而民心不摇矣。夫使諸郡各制其兵，以保一郡之民，而四五大藩皆控成軍，據形勢，以掃清群盜，奠安東南，誠當今之急務也。若夫知人之明、任使之術，在朝廷矣。昔漢以六萬人討西羌微族，趙充國定計，必分兵屯田以待其敝，貴萬全也。周亞夫將三十六將軍擊吴楚，終不肯與梁分兵，審於勢也。李德裕平澤潞，軍中利害，有將帥不知而廟堂輙知之，得中制外之宜也。今群盜幺麽，非有漢七國、唐藩鎮之强，而充國、亞夫、德裕之故智則有今日所當師者矣。汸無謀夫策士之術也，當其間關，朝不謀夕，每恨民間利害不得上聞，以至於此，是以於鄉先生之行，竊致其畎畝之思焉。先生倘以爲然，雖言之可也。若夫本源深切，有非草茅所知。知無不言，言無不盡，在先生矣。使朝廷收得士之効於一時，而先生之功及乎天下，則雖銘彝鼎而被絃歌可也，豈惟一時一鄉之所詠歎者哉！

與子美先生書

余忠宣公

闕稽顙再拜：

去歲聞賊陷徽州，漫不知尊兄何在，日夜縣縣。後得帖元帥報，始乃下懷。不知書院如何。去春寇迫鄉城，僕始走六合，道數遇賊，幾陷者再。客居卧病，又爲淮帥所捉，使從軍合肥。合肥氣數上下雷同，賊至即爲走計，一有言守禦者，衆輒相視如讎人。大恐淪胥以敗。尋得調戍安慶，私切自幸，以爲頗得展布矣。到鎮以來，丁賊之衰，一戰却之。往時賊月一再至，今不至者八月餘矣。諸軍且會漢鄂，九江蘄賊大窘，度不久當成擒。惟濠、壽主將未甚得人，未見涯涘耳。

僕平生以親故奔走四方，近終養，將謂可遂羈鳥故林之願，不意際此欃槍，殆命也。亂注《易説》廿餘年，不得成。頃在行間，又大病，常恐身先朝露，徒費心力。今幸不死，且粗脱藁，何時盍簪以求正其遺缺？臨風傾注。王仲温行，謹附承動静，不覺多言如此，相見當如何。餘惟自重，不次。

七月三日，闕謹啓子美聘君先生閣下。病後有心疾，作書多錯，皇恐。

又

余忠宣公

闞拜啓子美聘君先生執事：

王仲温還自新安，領所答書，憂懸方置。聞師山書院又獨存，尤以爲喜。僕自前歲冬寇退之後即大病，不飲食者廿餘日，自以爲戰不死即病死矣。其後幸愈，而氣體覺甚衰。因念平生雖忝登仕版，而甚奇不偶，未嘗少得展布所學之一二，而《易》者五經之原，自以爲頗有所見。其説草具而未成書，遂取至軍中脩改。今友生輩録出，或者後有子雲好之，亦不徒生也。比日賊勢浸有澄清之象，賤體又頗强，尚冀可以少進，未敢示人也。寒舍書籍在莊上，亂後散失者十七八。聞館中書籍亦然，甚可惜。徽有鶴山《易集義》，吾家有之，比歸點視，止存三五册。其版在否？若亦燬，得勸有力之家刻之爲好。

以文屢有書，觀其字畫，恐亦有老態。葉景淵聞知婺源，有政聲。此人甚有治才，若益加勉，當不在人後，望時有以教之。

徽人之來舒者，時惠書爲望。旦晚洗甲，即告退，念欲南遊一番，未知得所願否？未見，自重，不具。

二月五日，闞再拜。

又

余忠宣公

闞啓：

程客還，附書并令取王仲温處大字去，此時想至左右矣。秋清，鄰壤計定，山林得安處，可以爲慰。敝邑粗守，然未見大定之日。何時釋此重負，消揺以奉清言，如雙溪時也？以文在翰林，嘗苦差遣，近除助教，可無此苦。此左右所欲聞，漫以爲報。鄉人施子有家童往婺源，□淮椒一裹奉寄。未見，千萬保重。不具。

九月四日，闕拜啓子美聘君先生執事。

與子美先生帖

汪古逸

廼者既見極不忘。念其朽槁也，而沃之孔融樽；憫其羈寒也，而眠之陳蕃榻；知其貧苦也，而贈之以孔方兄。子美於蘭交厚矣，其如彬之不足以披襟何？賦别言旋，感塞彌腔。偶值便翔，言不盡謝。

與鄭子美先生論春秋闕疑書

徐大年

承録示《春秋集傳闕疑序》，知先生所以著述之意甚公且平如此，只「闕疑」二字，所見已自過人。世儒説《春秋》，其病皆在乎不能闕疑，而欲鑿空杜撰，是以説愈巧而聖人之心愈不可見也。趙盾、許止之弑君，獨剟取左氏之實録，而剔去其浮詞，以羽翼歐陽子之説，可謂美矣。然則葬許悼公，必不得從《公》、《穀》之義。陳止齋謂悼公書葬，所以甚世子之惡。竊謂經書世子弑君者，楚商臣、蔡般、許止三人。君弑，賊不討，不書葬，《春秋》大例。蔡般、許止以世子弑君父，其惡尤甚，故特變常例而書葬，以甚其惡。後傳之説，殆不可易。楚君不葬，乃避其號而不葬之例。尊見以爲如何？

寄鄭子美二首

唐筠軒

鄭君熊虎姿，痼疾居煙霞。老夫畏奇崛，而乃斂爪牙。四大願安穩，觀妙維摩家。趨庭近朝夕，勿藥岸烏紗。但恨遊吴人，孤此雲窻茶。

中年愛巖棲，跬步不出户。誰能驅使之，乃向吴門路。平生鄭公賢，作尉歌來暮。是父生是兒，問字滿户屨。語别遽相違，悵望烟中樹。

題鄭子美師山精舍

唐筠軒

師罔有待閟脩容，耻構人間媚佛宫。十里溪光浮席上，千年道脉寓山中。巖呀徑遶栽松竹，飯白厨香剪韭葱。邑子多賢資木石，遄看講麈動清風。

鄭君子美倒騎驢圖

陳衆仲

山翁倒着白接䍠，習家池頭倒載時。襄陽小兒齊拍手，山翁沉醉都不知。江東奇士鄭子美，雪中亦把驢倒騎。此時子美不曾醉，惟有高人目送之。市兒出觀總大笑，雪風颼颼不掩扉。舉鞭左右語觀者，我不背人遭汝嗤。世間顛倒豈此爾，汝不自察嗤我爲。我不學臨淄説客主父偃，日暮倒行而逆施。

送子美入黄山讀書

王仲履

三十六峯天下無，雲彩摩刷烟花敷。靈秀中蓄物産殊，青琳瑶碧紅珊瑚。丹泉陰湧崖不枯，一浴能已瘍痱膚。異人間見仙佛徒，或傳仙鶴來天都。所未見者當代儒，鄭子特立奇丈夫。山英馳移風掃途，文豹夾轂莬前驅。兼乘載書從以奴，入山期作三年劬。出山致用裨唐虞，夫豈慕彼山澤癯。嗟爾陋學守一隅，决策用舍差智愚。謂已狡獪賢聖迂，非子傑出牢鍵樞。頽波徹底歸淪鋪，古人凛凛開前模。匡廬長白道不孤，明年尋子鞭瘦驢。荒蹊絶澗窮縈紆，子長眉青我白鬚。點頭談道相携扶，好事畫入黄山圖。

次周廉使賀鄭子美徵君應詔韻

汪仲魯

種得師山松樹青，翩然鳳詔駭山靈。一朝大旱希霖雨，萬里蒼空動客星。正好支撑梁棟用，尚應佩服蕙蘭馨。仰看紅日中天照，枯盡籬邊腐草螢。

客錢唐有懷東山趙子常時徵師山鄭先生

吴克敏

小閣踈簾晝影移，凭闌多是獨吟時。夕陽關樹高低畫，殘雪江梅遠近詩。潭底又聞龍劍化，隴頭應怪鶴書遲。何時鄉里歒塵散，來傍清流理釣絲。

送鄭徵君入覲仲氏偕行

吴克敏

知君素志欲消兵，遠駕蒲輪上玉京。一出自當天下選，十年獨負斗南名。白衣李泌堪爲相，布被姜肱肯作卿。聖主俯從流涕策，高臺回首釣絲輕。

呈鄭徵君

吴克敏

奉表辭官慮已深，歸來依舊隱山林。總戎屢訪安邊策，處士宜輸報國心。沽玉余方求善價，援琴君獨待知音。曾聞薇省徵兵日，慷慨高談淚滿襟。

鄭待制席上同劉伯温都事燕叔義憲史諸公賦承天觀東軒詩

吴克敏

孤客憑危正惘然，江南春盡落花天。海門黑送千艘雨，城郭青炊萬竈烟。燒藥金爐猶伏火，射潮鐵箭久離絃。五員白馬今何在，幾度荒臺野鹿眠。

渡江有感寄鄭待制是月苗軍入城

吴克敏

桃花短短隔紗紅，滿眼春光涕淚中。金鼓西來蘭省震，旌旗東下柳營空。黄鬚公子虚從事，白面書生實總戎。苦憶翰林鄭待制，長江歸棹幾時同。

克復昱嶺關寄鄭子美待制

吴克敏

鼓角聲雄隊伍齊，揚兵曉戰昱關西。黄金匣動雙龍出，赤羽旗開萬馬嘶。露布不煩諸將草，詩篇還爲故人題。沙溪春酒甜如蜜，醉卧花陰聽鳥啼。

祭　文

衛國鄧公

維年月日，具官某謹以薄奠致祭于前翰林待制師山先生鄭公之神曰：慷慨殺身易，從容就義難。人皆難而易，先生易而難。人道先生易，我道先生難。尚享！

又

王克恭❶

維七年壬寅歲八月朔，雄峯王克恭百拜敬祭于前翰林待制師山先生鄭公神主曰：惟先生學成于家，德優于身。聞其風足以頑廉而懦立，攄其藴足以尊主而庇民。卓然以道自娱，不慕乎人爵之尊榮。不可涅者堅貞之節，不可撓者剛大之氣。昔燕將下齊，王蠋就義。士之立身，各行其志。克恭來涖兹邦，俛仰欣喟。重嘆老成，躬訪莫遂。遠持一觴，敬酹幽竈。先生其有知耶？其無知耶？尚享！

❶「王克恭」，原作「王駙馬」，今據底本目録改。

又　朱楓林

歲屠維大淵獻兮，日南斗之初躔。鄭先生葬廟嶺兮，在既歿之二年。來會葬而侍事兮，老契生金振祖。牢牲厠乎苞簡兮，清酒酹乎墳土。曰人靈於庶物兮，貴無忝於厥初。彼庸碌之待盡兮，與萬類而奚殊。緊先生之超卓兮，在童年惟好學。議論高出古人兮，太嗚警乎後覺。❶紛世榮與俗學兮，雖信美非所求。式據槁而瞑目兮，惟世道之是憂。天不早吾柄用兮，晚幣聘焉奚補。國有失德暴政兮，第弗振於宴安。材良愚惡而弗分兮，民生弊於貪殘。倘改轅而易絃兮，削吏文而摧豪武。詔哀痛以感人兮，庶支傾於一柱。亟趨召以前邁兮，乃道梗而無從。吐孤忠於一語兮，孰梯蹬乎九重。初忍死以僑寓兮，終逃匿之無所。天日遠而雲冥冥兮，知臣心之酸苦。美女妬予之盼倩兮，致逮捕之紛紜。豈予身之憚殃兮，尚解繫夫親隣。昔禪寂以緘辭兮，今涅槃而出世。匪感激以捐軀兮，實從容而就義。夫人心之有此仁兮，咸戟手而血泣。孰受教而讀其書兮，弗頑廉而懦立。生兩間而不怍兮，死吉壤之是歸。介弟敬乎治命兮，知魂氣之焉依。墳嵯峨於道側兮，刻文章於溪石。舟車過而瞻仰兮，垂千載之名德。嗟予少公一歲兮，公吾考之所尊。治先人之喪葬兮，隔生死而情彌敦。歷頻年之患難兮，雖異縣如千里。不能相從以終老兮，負相期之意氣。今兹會葬者幾人兮，知老生之獨悲。寫苦心而致辭兮，尚飲食而聽之。

---

❶「太」，四庫本作「大」。

又

天台江灝

惟公山川炳靈，中正賦性。有蔚其文，有卓其行。道德是宗，利達無競。化惡以善，矯強以正。聲華上騰，禮幣下聘。牢辭弗受，執義已定。無道則隱，用遵宣聖。寵不能驚，貧不能病。劫以威，老氣以勁。義不屈身，分甘殞命。名書《元史》，事載郡乘。至今鄭鄉，過者尊敬。海隅鯫生，學疎才劣。不謂袁宗，玷名儒列。承乏黴庠，位叨禄竊。功效無補，久延歲月。郡有先賢，禮當展謁。懼曠厥官，徒懷遠結。尚慮及瓜，忽焉有缺。仲秋既望，貌像是設。堂堂威儀，凛凛風烈。仰止之間，初心允愜。崇觴既清，載俎斯潔。惟公鑒誠，冀無不屑。

又

臨川黎敏

維洪武十年歲次丁巳八月丁未朔，越十有五日辛酉，學生歙縣教諭黎敏等謹以剛鬣巵酒，敢昭告敬祭于師山先生鄭公之神曰：先生高隱以求志，受聘而辭爵，身亡而節存，人所難行而先生安之。所以名登史册者，時王之明也。祔祀祖廟者，諸生之權也。兹循舊規，祇薦祀事。忠靈不昧，伏冀鑒之。尚享！

哀　辭

汪仲魯

師山先生名玉，字子美，姓鄭氏。隱居講學，善爲古文。或以黄犢駕小車，人皆笑之，識者奇之。嘗構精舍于里之師山，其堂曰「三樂」。踞岡爲軒，曰「極高明」。集諸朋游討論《春秋》筆削之旨，爲之註釋，曰《春秋闕疑》。至正甲午，朝廷用大臣薦，遣使以翰林待制召。先生起而拜命，束書就道。❶中途疾作，遂還山中。適大軍駐吾新安，遭謗，捕入郡，不屈而死。卒以節義顯，名列史傳。叡素辱知愛者，每過山下，仰睇群峯，遺址如昔，草樹凄迷，豈勝悲惋！抽詞哀些，敬酹一觴。其詞曰：

遡練溪之寒瀨兮，睇師山之崇崇。仰三樂堂之遺址兮，森莽莽之荒叢。念昔松篁茂欝兮，奐堂構之方新。友朋紛其來集兮，濟冠佩之如雲。緊先生之剛直兮，懼師道之莫立也。申義利之辯兮，謂聖賢可企而及也。《春秋》述而闕疑兮，《易經》傳而有成。釣岑山之深峻兮，牧西疇而耦耕。方遊息而玩樂兮，適四海之霆驚。詔倏降九重兮，徵待制于翰林。宜弭亂之有策兮，闡治教於來今。曷半途而遽疾兮，返乎吾故鄉。豈終不能以有達兮，孰若遂初心之遁藏。慨浮雲之萬變兮，亶不可測也。名匪爲身累兮，義之歸乃吾責也。情沉欝而靡申兮，蔽而莫之白也。從容就死兮，吾心安而理得也。吁嗟先生既往兮，節義昭猶日星。名存史册而不亡兮，粵千古而彌馨。徘徊兹山兮，揉草樹之群榮。酹清觴而灑涕兮，惻林鳥之悲鳴。

---

❶「束」，原作「柬」，今據四庫本改。

又

石泉周原誠

先生姓鄭氏，字子美，歙衮繡鄉人也。性耿介，以師道自任，不妄許可。學以朱子爲根據，爲文章出入司馬遷、班固，而正大之氣，渾渾其中，不爲刻削語。讀書好居深山，時時樂遊山水涯窟，不與凡子近。少侍父承事公，宦游所至，政采風立，先生多所裨贊。承事公卒于杭，先生扶櫬，匍匐數百里歸葬。撤喪，或勸之仕，笑而不答。嘗至京師，謁館閣諸大老。翰林虞公覩其文，驚曰：「此治世之音也。」揭公曰：「吾久不見何得之先生，今子美之高風遐躅似之矣。」其見稱慕如此。一日，别揭公館下，公目送渠渠，先生方跨一蹇，因倒騎却顧之而去，舉市皆大笑。明日，西江熊大古繪爲圖，集賢陳衆仲爲賦長句，由是名滿諸公間。比歸，披短蓑釣于岑山。監察御史脱因公時監休陽，特相往來，亦時乘牛車，徑造其所。市中或大笑，先生不以爲異也。久之，講道師山，從游翕集，咸捐田助費。里人鮑元康爲之大起精廬。夫子燕居殿及講堂亭臺，咸極嚴整。山木蓊欝，西北數百里諸山咸俯伏其下。先生顧而樂之，遂著《易》、《春秋》，日與諸生談論仁義道德之奥，而通其大用。由是學者號曰「師山先生」。郡帥珊竹鐵公素相厚善，至是率諸子執弟子禮，而時自造，資其教益，遠邇大化。至正十二年，今上以大臣薦，命賜束帛，以奉議大夫、翰林待制召。皇太子加賜上尊二。使者至山，會先生卧病。强扶先生拜已，先生固辭。部使者强先生就道。先生不獲已，拜章辭還爵命，而以布衣入見。至海上，以疾還。今年秋，有以飛語中先生者，先生方居休陽山中，報者卒至，且語親戚朋友俱已逮治榜楚。先生嘆曰：「吾即死報國足矣，何累是耶？」言未已，捕者至。先生度不得免，談笑就捕。

至庭，顏色不變，隨問隨答。主者怒，語益侵。先生明目張膽，方將抗論以死。而從者遽曳先生去，且胥縻之矣。先生即拘郡中，閉門自餓，七日不死。因起，賦詩爲文自適。越二日，或謂主者欲大用先生。先生笑曰：「吾可大用耶？吾豈可事二姓耶？」乃即席毅然沐浴，正冠望北再拜，自經以死之。明日，聞者識與不識，咸嘖嘖曰：「男子！男子！」一二顯者亦曰：「先生果實做吾官府受其惡名耶？」先是，以書與子弟訣曰：「吾當慷慨殺身，以勵風俗。」又言於門人曰：「三仁之去就，死生不同，各盡其本心而已。吾之就死，亦盡吾之本心也。」嗚呼！若先生者，可謂篤志於道者矣。嗚呼哀哉！先生性尤篤於孝，凡祖墓無問遠邇，悉加修治，立石以識之。每過，必下車趨謁。郡人以先生祖父徵事公當歸附初，郡將李世達叛，王師至，且屠城，徵事公能盡活萬民，有功於城，城西十里築屋，尸而祝之，曰「令君祠」。又以承事公清德不可泯泯，相與私謚曰「貞白先生」。請於有司，大樹「貞白里」華表於通衢。先生過，必泫然流涕。自承事公卒，先生終身一聞諱，或其遺事，輒大哭。觀者莫能仰視。其天性蓋如此。先是，先生既愛岑山，及居師山，復往來焉。縣尹潘從善嘗候起居于是，今號「鄭公釣磯」。凡朝士之最知先生者，淮南省平章政事余闕、吏部侍郎危素、監察御史鄭潛。其自謂平生老友，則監察御史程文、婺源石丘生、胡默也。辭曰：

惟聖哲之挺生兮，植萬古之綱常。揭日月於中天兮，著斯文之耿光。惟先生之高蹈兮，亦胡爲乎遑遑。法前烈之遺軌兮，思聖域之翱翔。秉浩氣於胸中兮，射白虹於彼蒼。吐直言而匡俗兮，置鐵石於衷腸。概清風於帝都兮，復瀟洒於江鄉。蓋曾點詠歸之至樂兮，歎鳳兮之楚狂。屹師山之精舍兮，來衿佩之鏘鏘。披陳編而立言兮，掃傳註之汪洋。惟聖皇之惠鑒兮，賁美爵之煌煌。惟儲君之加惠兮，溢宫壺之霏香。雖精神照耀而然兮，亦草木之春陽。何先生之曠邁兮，竟掉首而徜徉。謂宜佚老而優游兮，肆歌詠乎陶唐。何桑榆之慘慘兮，竟一死之可傷。嗚呼哀哉！風塵澒洞兮，海宇茫茫。紛紜糾錯兮，顛倒冠裳。人孰不死兮，白骨高岡。惟先生死而不朽兮，儼生氣之揚揚。喚人心之繆迷兮，凜烈日其嚴霜。致肝膽於廊廟兮，表麒麟而鳳凰。嗟先生亦何心於是兮，信委順之是將。惟志者跂之而不可得兮，爛銀河其未央。嗚呼！死生亦大矣兮，孰肯沉痛而自戕。惟先生之視死如歸兮，故欣欣其樂康。雖群言之兢騁兮，秖日播其粃糠。渺乎東南，後乎來者之未可以繼先生兮，吾知其□□之忠良。仰師山而一酹兮，沾余涕之浪浪。

題余青陽鄭師山二先生手札

吕德昭

軒轅山高四千仞，青陽山高勢相並。支脉聯絡蟠兩州，白雲吐吞天與近。古稱地靈人傑生，蜿蜒磅礴元氣清。兩山秀育二賢出，一死永留千古名。師山先生高世士，隱居不爲蒼生起。《春秋》著述誅奸雄，月旦評論辯賢否。青陽先生天下奇，峨冠博帶談書詩。氣吞逆虜似鼷鼠，頤指壯士如熊羆。二公初交正英妙，許身稷契登廊廟。事業出處雖殊科，文章制作皆同調。青陽戰守舒州間，砥柱屹立支狂瀾。擐甲城頭述艱苦，走書谷口傳平安。師山甘居布衣賤，死報君恩名益顯。高節不屈效兩龔，大書遺言訓諸阮。二公翰墨今猶存，烟雲滿紙秋無痕。輝輝清光耿星日，凜凜義氣横乾坤。載拜焚香讀三復，北斗南箕炫雙目。嗚呼二公名節全，力挽頹綱振流俗。青陽山對軒轅山，二公英魂相往還。晴虹貫月夜空闊，笙鶴無語松風寒。

又

鄭　忠

吾聞長江之水碧如油，遥遥東注不復休。大孤小孤並屹立，勢欲壓斷長江流。師山江之南，青陽江之北，兩山之高不如屋。廼能隔斷世炎囂，清涼直透人肌肉。君不見爾時士大夫懦且頑，奈何尸其位而素其飡。遂令四海無上心，倚疊朽骨如丘山。老臣白髮三千尺，焉能繫落日。豈知浩氣塞乾坤，首碎秦庭完趙璧。戰血滿城城愈堅，三軍首離心不悛。泥塗軒冕伏大節，夷齊並駕仍争先。二孤千仞何足謂，不是人間屹天柱。師山青陽絶地維，頹波欲流流不去。高風一洗洞八荒，天下盗賊來何方。捨生取義盡若此，終古不用城與隍。二老有親筆，見之輒痛泣。低回一慟天爲昏，上帝返袂雲俱濕。肝腦塗地想當時，骨聳魂驚毛髮立。翰墨落人間，卷舒有遺失。不如模刻寄崔嵬，昭示萬古無終極。

移建師山書院引

唐　仲

師山書院者，隱士鄭子美先生講學之地也。初，貞白先生任太平之絃歌鄉巡檢，而先生始生，祥光滿室，識者以爲異。比長，讀書祥符寺南山觀，振拔自勵，期以顯融。年三十餘，北遊燕趙，挈所作古文謁見翰林諸公。虞公邵菴、歐陽公圭齋、揭公曼碩，咸咨嗟獎借，互相推挽。未肯就，竟南歸。晚年學者日衆，卜築于師山，中書省顔曰「師山書院」。至正末，大臣敷奏，天子授以奉議大夫、翰林待制，馳使來召。皇太子侑以尚尊、織文。先生病辭。壬辰俶擾，土崩瓦解。丁酉，徽州遂入職方氏。衛國鄧公命先生拜於庭，出言慷慨，公優容之。明日，以節死。事具載《元史》。一日，裔孫以孝曰：「師山荆棘縱横，樵牧蹂踐，不能起廢。鄭村有令君祠，隙地坦夷，未若移建數椽，庶幾存羊之意。鄉人汪自銘議已克合，先生以爲何如？」予曩時閩南會烏古孫公幹卿，除平江郡守，隱士杜青碧先生屬曰：「范文正公書院未立，兹非闕典歟？」後公除不果列諸學官。子孫之賢，如静翁寬厚長者，春秋祭祀，牲牢肥腯，有司百官，盞斝進退，不啻師弟子。鄭氏子孫之賢，豈無輕財重義以相勸者乎？余雖老，尚堪秉筆以記。洪武十三年冬十月日，里人唐仲書。

謁師山先生祠

舍生良不易，端爲植綱常。一死泰山重，千年汗簡香。乾坤全正氣，海嶽發晶光。詎若匹夫諒，真成百鍊剛。中流屹砥柱，北斗挹寒芒。國計何嗟及，精英耿不亡。遺容瞻霽月，絶筆凛秋霜。盛代風塵静，名家慶澤長。巖巖貞白里，鬱鬱鄭公鄉。喬木餘芳蔭，空山帶夕陽。九原那可作，三徑未全荒。欲範黄金像，還登白玉堂。儒林尊德義，翰苑播芬芳。撫事成惆悵，臨風思渺茫。

成化丙戌秋九月吉，因巡視溝洫，督民治莘墟堨，道經鄭村之貞白里，遂過師山先生祠堂，覩其遺像，觀其絶筆書，慨想其風采，猶凛凛有生氣。噫！人孰不死？先生一死，萬世綱常係焉，蓋可死其身而不可死其名也。彼偷生而死者，何以死哉！感嘆之餘，遂賦長律一篇，于以寓敬仰之私云。

賜進士出身、中順大夫、直隸徽州府知府，吉水龍晉題。

次韻龍侯題師山先生祠

華亭彭瑋

古歙鍾奇秀，生材夐異常。孤忠天地老，一死姓名香。百六終元運，風塵翳日光。偷生羞在位，不屈見真剛。强項若撑鐵，折躬如負芒。有心全節義，無意顧存亡。絶筆驚風雨，嚴詞凛雪霜。内言加勉切，後計共圖長。樂毅空圍畫，康成竟立鄉。蘋蘩追社食，歌些遺巫陽。義史崇昭代，清風扇八荒。師山屏故宅，黟水帶祠堂。太守躬修敬，新詩句吐芳。續貂慚小子，遐思正茫茫。

又

裔孫鯨

先生起南服，與世立綱常。秀毓乾坤氣，英騰草木香。一方濡美化，四海仰餘光。雪壁峨千仞，霜矛倔寸鋼。六經稽旨趣，❶萬理析毫芒。周孔文斯在，程朱道未亡。煙霞卧丘壑，松栢老風霜。廷政騷難理，臣才衆數長。薦章飛帝闕，束帛下山鄉。奔競悲頹俗，精神貫太陽。吐忠馳讓表，拂袖返遐荒。國運移新祚，徵羅逮隱堂。伯夷寧一死，王蠋共孤芳。青史傳忠義，清名表混茫。

❶「旨」，原作「者」，今據四庫本改。

過鄭公釣臺

相公湖邊一拳石，截斷湖光三百尺。射蛟人去今幾年，誰掃雲根看遺蹟。師山先生性愛山，偶然得此青孱顔。臨流坐釣不知晚，漁樵並載扁舟還。武威余公天下士，特與先生題篆字。良工刻入斷崖傍，遂使溪山增勝事。一朝海内風塵生，兩公死國如弟兄。平生隱顯雖異跡，竹帛同垂千載名。薰風雨過潮初落，足躡蒼苔俯幽壑。釣絲已逐野煙飛，字畫多爲古藤絡。師山之節峻且孤，武威之字人争摹。忠賢所遺衆所寶，泉石清奇何處無。

成化壬寅夏五月十二日，予謁祖廟于篁墩，裴迴湖上，觀先世忠壯公射蜃處，放舟至富登渡，思昔師山先生鄭公嘗愛富登奇石，目之爲釣臺，余忠宣公爲篆刻崖上。與客求之不獲。因艤棹崖下，犯激湍，破蒙翳，剜伐苔蝕，而「鄭公釣臺」四字宛然。遂口與七言長詩一篇。今十有二年矣。先生裔孫虬取摹本裝潢成册，請重書之，以紀一時之勝。江山如故，歲月侵尋，而學益凋落。追感舊遊，爲之憮然不能自已，題其後而歸之。弘治六年龍集癸丑春正月四日，休寧程敏政書。

次篁墩先生韻

師山先生釣臺石，紫苔溜雨青千尺。忠宣大籀蟠古蚪，野老何曾見奇蹟。玉堂學士歸故山，山中草木皆開顔。捫蘿直上最高處，斜陽倦鳥孤飛還。師山豈是尋常士，海内争傳好文字。當時垂釣不釣魚，富貴功名等閒事。余公鄭公同死生，誰爲弟也誰爲兄。臺前石頭不解語，世上人能知姓名。銀鈎鐵畫雲間落，星斗光芒照林壑。卻笑釣名射利徒，❶智網紛紛巧籠絡。立身大節真難孤，報國丹心不可摹。試問賢孫竇遺澤，傳家尚有韋編無。

文華殿直之暇，雲間張駿書于玉河東醉經閣下。

鄭公裔孫鯨、虬皆能詩，蓋有得於心聲心畫之妙者。遊余雲間，託交最久。但余家《三貞堂詩》未獲見賜。拋磚引玉，此之謂歟？駿拜手。

又

誰人坐釣靈山石，手拖長竿剛百尺。直鈎不釣湖中魚，秖與溪山增勝蹟。又誰大篆寄靈山，六丁鑱入山之顔。山靈守護不敢毀，浮雲飛鳥自往還。篁墩先生千古士，重訪雲根釣臺字。攀蘿捫石一洒掃，從此鄉人憐往事。兩公當日同捐生，真難爲弟真難兄。平生遺蹟此山下，荒煙野草宜同名。銀河夜半星辰落，恍惚潛蛟舞幽壑。漁笳牧笛不敢吹，山色波光共縈絡。師山武威今不孤，拳石奇踪天下摹。賡歌再拜仰前烈，託名垂後知有無。

師山先生裔孫鄭虬携先生釣臺册至京師，乃余忠宣公題寄先生墨跡，而先生刻諸靈山者也。吾師篁

❶「釣」，原作「鈎」，今據四庫本改。

墩先生嘗追尋於百年之後，以示其族子鄉人，而且爲之題跋。虬固欲余和之，余何人，而敢附斯文後哉！惟虬尚爲我請諸篁墩，而取其一二語焉，是亦足以託名於不朽矣。何幸哉！丁巳七月朔，蕪湖胡爟再拜謹書。

又

富登之山多奇石，富登之水深百尺。釣臺突出山水間，中有師山舊遊蹟。師山講學居師山，鳶飛魚躍常開顔。忽然得此真絶境，風月一竿時往還。臺前古篆伊誰士，乃是忠宣手書字。殘蛟斷虺不知年，雷雨時時驚怪事。二公不獨能捐生，青陽餘力還弟兄。平生所學真不負，一遊一蹟皆可名。臺花歲歲從開落，雲水茫茫亂溪壑。舊記惟聞石上鑱，新題今見如珠絡。篁墩之題傑以孤，忠賢礌礌歸圖摹。臺名從此傳天下，直與乾坤齊有無。

楠嘗於《餘力稿》中見《釣臺記》，又嘗道過富登，欲一覽臺之勝，而草樹蒙翳，倉卒不可爲力。其表章之，實自我篁墩先生始。謹依先生韻，强吟數語，蓋景仰之深而自忘其謭陋耳。詩云乎哉？弘治戊午六月之望，棠樾鮑楠敬書于南京主客部之杞菊軒。

又

富登江邊釣臺石，勢壓洪濤幾千尺。誰其釣者鄭隱君，從此乾坤留勝蹟。先生憶昔居師山，春風滿座常鑄顔。九重纁幣不肯受，綸竿此石時往還。清風不愧羊裘士，贏得忠宣爲題字。兩公一一捐其軀，行藏雖異同心事。篁墩作歌悲先生，謂公後死如弟兄。暇日攀蘿陟幽險，崖間重覓臺之名。奇蹤復向人間落，何啻胸中有丘壑。百年苔蘚護山靈，不比禪紗爲籠絡。江山勝概真不孤，龍蛇古篆天下摹。表章賢達昔所尚，此老風流今則無。

予讀《元史》，至師山先生《忠義傳》，每歎其高節可方古人。今年冬，先生裔孫虬携先生釣臺卷示予，而篁墩學士爲是唱。蓋篁墩常得先生釣臺遺跡於埋没之餘，其所以慕先生者亦甚。今篁墩亦不復可作矣，既爲悵然，仍次其韻。弘治庚申臘月廿有二日，餘姚陸相書。

又

孝廉所至有釣石，獨愛富登高百尺。前修既遠歲月移，過此何人識先蹟。珊瑚含彩照谿山，左丞勁筆追歐顔。航淵梯峻爲尋訪，學士昔從鼇禁還。孝廉氣節東都士，天下儒紳知姓字。艱危不辱死從容，在在釣游成故事。淛江東下海潮生，嚴陵相望堪弟兄。當時仕止各有道，後世但高徵士名。臺前風景未寥落，仰止有亭臨絶壑。好事鄰翁加護持，竹樹栽培翠環絡。嗟予晚學陋且孤，厓刻珎同湘水摹。雄詞倡和多名勝，慨想諸公今亦無。

族先祖孝廉公平生酷愛泉石佳致，其釣遊之處凡四，黄山、靈山、岑山及富登渡也，各有題記。成化中，學士程公謁世忠廟于篁墩，因至富登尋釣石，觀余左丞篆刻，賦詩以紀其勝。且屬里人朱君克紹作亭臺前，榜曰「仰止」。一時名流倚而和之，積成巨帙，復得都諫方洲張公靖之之跋。於是富登釣臺始不泯於寰中矣。崐近過臺下，瞻仰之餘，弗揆庸淺，僭次原韻成此。噫！歙葦籥于金石迭作之後，其爲不倫可慚。録示同來子姪，不敢書臺石也。嘉靖壬午八月二日，崐拜手謹書。

仰止亭

徽之歙縣富登渡，有巨石巍然臨湖，鄭師山先生子美釣遊于此。余忠宣公廷心篆「鄭公釣臺」四字，刻之石上，石上作亭，扁「仰止」，以重二公之高風峻節。長洲沈周爲賦長律。

忠宣義死堂堂節，死到師山義亦明。家國兩人均患難，干戈滿地正縱横。聊因心畫通相感，未必漁竿果可旌。何處江湖無此磵，幾流標榜有高名。龍跳舊刻還堪搨，燕賀新亭又喜成。岳勢不迷人仰德，石痕固在字含貞。蕭蕭風雨鬼神泣，洶洶波濤魚鼈驚。一箇聘君孤構耳，乾坤今許作雙清。

書鄭公釣臺卷

古人論志于道德者，功名不足以累其心。夫功名道德之成著，非可惡而却去之者，君子特未嘗先意于此耳。顧天下不足以達吾志，乃欲隨世以就衆人之所謂功名，則宜懷抱退藏，自適乎巖穴，庶幾淑善有傳，不至没世無聞而已。宋社既屋，夏變爲夷，宇宙非常之故也。不幸生于其世，而又丁此末季，禍亂垂作，抬囊儉德，師山先生豈不能蚤見而預待之？此所以方在强壯，輒隱約林野間，講學授徒，無復進取之念。晚年幣聘辭受，蓋亦出于胸中素見，况忠孝之大節邪？及世故淪落，詬辱胥縻，以不仕爲義，則事必不免，以不死爲分，則心所不安。觀其喻諸生書，自以三仁爲比，則其處死之審，固不待擬議而成也。夫出處不可以群謀，當斷于衷；生死不可以勇決，要合于正。先生直以道德爲出處死生之主的，其餘亦無所先意。然其功在綱常，名在史册，不達于當時而達于萬世，真所謂自然之成著。岑山、靈山，釣磯、釣石，遂當與首陽崖谷並秀于寰中。而余忠宣題字，亦可近餘光于延陵季子之銘矣。彼箕山、富春，高虚寥遠，廉貪立懦則可矣，於聖賢中正之學何如哉？先生七世孫騰澤以釣臺題記後語見屬，敬爲之書。成化丙午春二月三日，吴興張寧識。

書師山先生所題黄山崖石後

鮑尚褧

蒼崖百尺與雲齊，徽士重來爲品題。姓字一時通漢史，文章千載並浯溪。春深莫遣莓苔没，日暖應添紫翠迷。猶憶匡廬當日事，短檠山雨五更鷄。

又

程篁墩

怪石如屯虎豹關，仙家真在白雲間。九州圖蹟誇誰勝，萬古乾坤只此山。丹臼半餘香冉冉，汞泉分出水潺潺。手摩蒼蘚看題刻，先正高風不可攀。

拜朱文公祠

孫燦

府學文公祠從祀堂上者，蔡西山、黄勉齋、陳定宇、胡雲峰及先待制師山先生，凡一十□人，皆有羽翼經傳之功。成化壬寅，提學御史婁公克讓、太守王公文明、教授陳公文、諭德程公克勤，暨郡諸生所議定也。師山先生神主書謚文貞，見工部主事范平仲文集，蓋當時士林私謚云。

理學師承不乏賢，東南鄒魯豈虚傳。步趨總克遵繩矩，祀饗端宜侑几筵。琬琰已登昭代採，汗青無愧漢儒箋。光風霽月瞻依地，謦欬如聞講席邊。

「《儒藏》精華編選刊」選目

經 部

周易鄭注
漢魏二十一家易注
周易注
周易正義
周易口義（與《洪範口義》合册）＊
温公易説（與《司馬氏書儀》《孝經注解》《家範》合册）
漢上易傳
誠齋先生易傳
易學啓蒙
周易本義

楊氏易傳
易學啓蒙通釋
周易本義附録纂注
周易啓蒙翼傳
易纂言
周易本義通釋
易經蒙引
周易述
周易述補（江藩）（與李林松《周易述補》合册）
周易述補（李林松）
易漢學
御纂周易折中

周易虞氏義
雕菰樓易學
周易集解纂疏
周易姚氏學
尚書正義（全二册）
鄭氏古文尚書
洪範口義
書傳（與《書疑》《尚書表注》合册）
書疑
尚書表注
書纂言
尚書全解（全二册）
尚書要義

讀書叢説
書傳大全（全二册）
古文尚書攷（與《九經古義》合册）
尚書集注音疏（全二册）
尚書後案
毛詩注疏
詩本義
吕氏家塾讀詩記
慈湖詩傳
詩經世本古義（全四册）
毛詩稽古編
毛詩説
毛詩後箋（全二册）
詩毛氏傳疏（全三册）
詩三家義集疏（全三册）
儀禮注疏

儀禮集釋（全二册）
儀禮圖
儀禮鄭註句讀
儀禮章句
儀禮正義（全六册）
禮記正義
禮記集説（衛湜）
禮記集説（陳澔）（全二册）
禮記集解
禮書
五禮通考
禮經釋例
禮經學
司馬氏書儀
春秋左傳正義
左氏傳説

左氏傳續説
左傳杜解補正
春秋左氏傳賈服注輯述
春秋左氏傳舊注疏證（全四册）
春秋左傳讀（全二册）
公羊義疏
春秋穀梁傳注疏
春秋集傳纂例
春秋權衡（與《七經小傳》合册）
春秋集注
春秋經解
春秋胡氏傳
春秋尊王發微（與《孫明復先生小集》合册）
春秋本義
春秋集傳

春秋集傳大全（全三册）
孝經注解
孝經大全
白虎通德論
七經小傳
九經古義
經典釋文
群經平議（全二册）
新學僞經考
論語集解（正平版）
論語義疏
論語注疏
論語全解
論語學案
孟子注疏
孟子正義（全二册）
四書集編（全二册）
四書纂疏（全三册）
四書集註大全（全三册）
四書蒙引（全二册）
四書近指
四書訓義
四書賸言
四書改錯
四書説
廣雅疏證（全三册）
説文解字注

史部

逸周書
國語正義（全二册）
貞觀政要
歷代名臣奏議
御選明臣奏議（全二册）
孔子編年
孟子編年
陳文節公年譜
慈湖先生年譜
宋名臣言行録
伊洛淵源録
道命録
考亭淵源録
道南源委
聖學宗傳
元儒考略
理學宗傳
明儒學案
宋元學案

四先生年譜
洛學編
儒林宗派
程子年譜
學統
伊洛淵源續録
豫章先賢九家年譜
閩中理學淵源考（全三册）
清儒學案
經義考
文史通義

子部

孔子家語（與《曾子注释》合册）
曾子注釋
孔叢子
新書
鹽鐵論
新序
説苑
太玄經
論衡
昌言
傅子
大學衍義
大學衍義補
朱子語類
龜山先生語録
胡子知言（與《五峰集》合册）
木鐘集
西山先生真文忠公讀書記
性理大全書（全四册）
居業録
困知記
思辨録輯要
家範
小學集註
曾文正公家訓
勸學篇
仁學
習學記言序目
日知録集釋（全三册）

集部

蔡中郎集
李文公集
孫明復先生小集
直講李先生文集

歐陽脩全集
伊川擊壤集
元公周先生濂溪集
張載全集
温國文正公文集
公是集（全二册）
游定夫先生集
和靖尹先生文集
豫章羅先生文集
梁溪先生文集
斐然集（全二册）
五峰集
文定集
渭南文集
誠齋集（全四册）
晦庵先生朱文公文集

東萊吕太史集
止齋先生文集
攻媿先生文集
象山先生全集（全二册）
陳亮集（全二册）
絜齋集
文山先生文集（全二册）
勉齋先生黄文肅公文集
北溪先生大全文集（全二册）
西山先生真文忠公文集
鶴山先生大全文集
閑閑老人滏水文集
郝文忠公陵川文集
仁山金先生文集
静修劉先生文集
雲峰胡先生文集

許白雲先生文集
吴文正集（全三册）
道園學古録　道園遺稿
師山先生文集
曹月川先生遺書
康齋先生文集
敬齋集
涇野先生文集（全三册）
重鐫心齋王先生全集
雙江聶先生文集
歐陽南野先生文集（全二册）
念菴羅先生文集（全二册）
正學堂稿
敬和堂集
涇皋藏稿
馮少墟集

高子遺書
劉蕺山先生集（全二册）
霜紅龕集（全二册）
南雷文定
桴亭先生文集
西河文集（全六册）
曝書亭集
三魚堂文集外集
紀文達公遺集
考槃集文録
復初齋文集
述學
揅經室集（全三册）
劉禮部集
籀廎述林
左盦集

出土文獻

郭店楚墓竹簡十二種校釋
上海博物館藏楚竹書十九種校釋（全二册）
秦漢簡帛木牘十種校釋
武威漢簡儀禮校釋

*合册及分册信息僅限已出版文獻。